비트코인 경제학

비트코인에 투자한 당신
오늘이 당신 인생에서 가장 가난한 날이다

비트코인 경제학

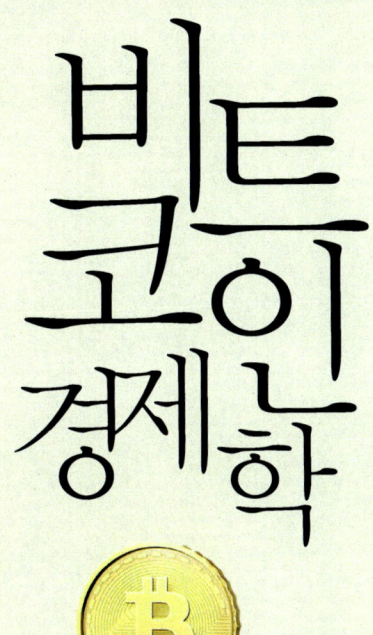

이용갑 지음

이 책을 구입한 _____ 님!
4차 산업혁명의 핵심은 블록체인이고
그 블록체인이 만들어갈 사회는 현금없는 사회
즉, '암호화폐' 사회입니다.
이 책이 올바른 투자를 위한 좋은 가이드가 되길 바라며
항상 선한 부자의 행운이 가득하시길 기원합니다.

비트코인 : _____
이더리움 : _____

                                                   이용갑

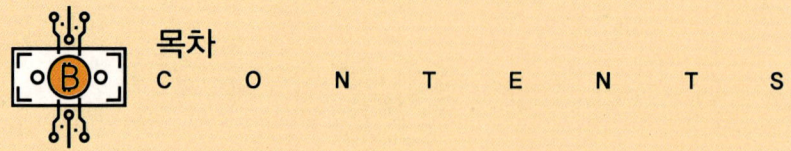

머리말 · 12
암호화폐 투자자를 위한 추천글 · 17

Part 1 암호화폐 비트코인 비범한 경제

비트코인 개발자, 2016년 노벨경제학상을 노리다 · 21
비트코인이 1억 원 돌파한다? · 24
2030년 세계 제6대 기축통화로서의 전망 · 28
현금 없는 사회와 비트코인 · 31
비트코인과 성공보수 · 36
은행 없는 세상 · 39
암호화폐 전문가 시대 · 43
그래픽 카드 가격은 왜 폭등하는 거야? · 46
4차 산업혁명과 암호화폐 · 49
비트코인 사용법 무작정 따라 하기(1) · 54
관련 사이트 도전기(1) · 56
* 비트코인 체험수기 · 59

Part 2 비트코인 본격해부

비트코인이란? · 63
비트코인 지갑 · 66
비트코인 구매 및 사용처는? · 69
비트코인 채굴이란? · 72
비트코인의 채산성 · 76
비트코인 발행량과 채굴 종료 시기 · 79
마이닝 기계 종류 및 사용법 · 82

비트코인 전송 프로세스 · 85
비트코인을 소유하는 3가지 방법 · 88
비트코인 수수료 이거밖에 안 든다! · 91
#. 비트코인 사용법 무작정 따라 하기(2) · 95
#. 관련 사이트 도전기(2) · 97
* 비트코인 체험수기 · 100

Part 3 비트코인의 진화

비트코인의 숨겨진 이야기들 · 107
암호화폐에 대한 국가별 견해 및 시각 · 109
해킹 및 위조가 불가능한 비트코인 · 111
수많은 암호화폐의 종류 · 115
역사상 가장 성공적인 암호화폐는? · 118
블록체인이란? · 120
블록의 의미 · 122
블록의 생성 권한 얻기 · 124
블록체인 인포와 친해지기 · 126
정보사회와 암호화폐 시대의 공통점 · 128
#. 비트코인 사용법 무작정 따라 하기(3) · 131
#. 관련 사이트 도전기(3) · 134
* 비트코인 체험수기 · 136

Part 4 비트코인의 거래와 활용

비트코인 거래는 어떻게? · 141
비트코인과 블록체인의 연계 · 144

비트코인의 안전성 · 146
각국 화폐와 교환은 어떻게? · 148
비트코인과 세금 · 151
비트코인 해외송금 및 관련사례 · 153
비트코인 국내·외 해킹 사건 및 사고 · 155
유사수신과 폰지사기 사건 및 사고 · 157
비트코인 투자자에 대한 조언 · 159
#. 비트코인 사용법 무작정 따라 하기(4) · 163
#. 관련 사이트 도전기(4) · 165
* 비트코인 체험수기 · 168

Part 5 비트코인과 가까운 미래

비트코인의 미래와 전망 · 173
비트코인 관련 비즈니스 · 175
비트코인의 가치평가 · 177
달러와 비트코인 · 180
비트코인의 비전 – 경제혁명 · 183
블록체인 기술의 집약체 비트코인 · 185
블록체인 관련 비즈니스 · 186
블록체인의 미래 향방 · 188
#. 비트코인 사용법 무작정 따라 하기(5) · 191
#. 관련 사이트 도전기(5) · 193
* 비트코인 체험수기 · 200

Part 6 알트코인

알트코인이란 · 205
알트코인의 종류 · 209
비트코인 vs 알트코인 · 212
* 비트코인 체험수기 · 216

Part 7 거래소, 비트코인 지갑 파헤치기

　　암호화폐 거래소 정복하기 · 224
　　국내외 암호화폐 거래소 · 225
　　비트코인 지갑 종류 5선 · 228
　　마이이더 월렛 사용법 및 하드웨어 월렛 사용법 · 230
　　* 비트코인 체험수기 · 234

Part 8 암호화폐시대 미래 전망

　　비트코인 가격급등의 의미 · 241
　　비트코인은 분화하는가!? · 244
　　ICO 각국 규제방향과 미래 · 246
　　국가별 비트코인 미래 전망 · 250
　　암호화폐에 대한 글로벌 리더의 생각 · 259
　　블록체인 기술과 사물인터넷 · 265
　　암호화폐 동향과 미래 금융 · 269

맺음말 · 275
참고문헌 · 279
기타자료 · 286

부록

　　#. 매거진 〈경제인〉 이용갑 박사 인터뷰
　　#. 국내 최고 비트코이너 인터뷰 소개
　　# 강의 중 가장 많이 듣는 질문 〈궁금증 해결〉 모음
　　#. 화폐교육지도사 과정커리

일러두기

1. 현재 우리나라의 언론, 미디어, 학술자료에서는 비트코인 등을 '가상화폐', '디지털화폐', '암호화폐' 라는 명칭으로 혼용하여 사용되는 실정입니다. 여러 참고 자료에서도 혼용되어 되어있어 불가피하게 책에서도 명칭이 혼용되어 있으나 정식명칭은 '암호화폐(Cryptocurrency)'임을 밝힙니다.

2. 책속에 QR코드는 동영상자료를 스마트폰으로 볼 수 있도록 하였습니다. 스마트폰에 QR코드 스캐너 어플리케이션을 다운받아 설치 후 QR코드를 스캔하여 동영상을 청취할 수 있습니다.

3. 책속 사이트 및 어플리케이션 이미지에 대하여 출처를 남겨놓았습니다. 다만 이미지사용에 대하여 여러모로 노력했으나 연락방법이 없는 경우 출처, 사이트명 등을 상세히 남겨놓았습니다.

4. 강의 중 비트코인에 대하여 가장 많이들 질문과 답변은 〈궁금증 해결〉로 정리하였습니다. 약 100개정도 질문과 답변 형식으로 본문 곳곳에 챕터 주제에 맞게끔 배치, 본문이 다루지 못한 궁금증을 해결해줄 것입니다. 그 외 중요한 질문 답변은 부록에 2개의 PART 로 엮었습니다.

※ 대한민국 1호 〈가상화폐 전문가 과정〉의 강의(특강) 문의는 hileeyg@naver.com 로 메일 전송 바람. 보다 자세한 정보는 홈페이지(www.self-up.co.kr)에서 확인 가능함.

머리말

4차 산업혁명 시대의 문맹자에게 보내는 메시지

"나는 사람의 얼굴을 보았을 뿐 시대의 흐름을 보지 못했소. 시시각각 변하는 파도만 본격이지 바람을 보아야 하는데…. 파도를 만드는 것은 바람인데 말이오!"

영화 '관상'의 마지막 부분에 천재 관상쟁이인 송강호가 남긴 명대사가 첫 번째 책 <부의 미래, 비트코인>과 두 번째 <비트코인 경제학>을 쓰게 해준 핵심적인 모티브(motive)였다. 시시각각 변화는 시대의 현상만 바라보니 시대의 큰 흐름을 보지 못했다는 통탄의 메시지요, 나무만 보고 숲을 보지 못했다는 회한을 그 말로 대신한 것이다. 이 시대를 살아가는 장삼이사들에게 무릎을 치게 한 명문장이 아닐 수 없다.

파도를 일으키는 바람을 읽어낼 혜안이 절실한 현시점에서, 비트코인은 아직 파도 이전의 바람이니 관심을 갖고 제대로 알아봐야 할 때가 아닐까!

비트코인은 IT혁명의 세 번째 선물이다

가상통화 혁명의 저자 '노구치 유키오'는 가상통화인 비트코인을

IT혁명의 세 번째 선물로 보았다. 첫 번째 선물은 개인용 컴퓨터이고, 두 번째 선물은 인터넷이다. 이 두 가지는 이미 세계를 크게 바꾸어 놓았다. 비트코인은 4차 산업혁명 속 알려지지 않은 진주와도 같다. 이 시대를 사는 지식인이라면 〈비트코인 경제학〉에 대해 알아야 한다. 비트코인은 어쩌면 인간의 가장 위대한 발명품 중 하나가 될 수 있기 때문이다.

〈비트코인 경제학〉은 비트코인과 블록체인 기술로 만들어가는 암호화폐 이야기다. 블록체인은 4차 산업의 핵심키워드로 세계 경제의 큰 축이 될 기술이다. 블록체인 혁명의 저자들이 1세대 인터넷이 정보(internet of information) 중심으로 3차 산업을 이끌었다면, 2세대 인터넷인 블록체인 시대에는 가치와 금전(internet of Value&Money) 중심으로 4차 산업을 탈바꿈시킬 것이라는 사실을 간과해서는 절대 안 된다고 강하게 조언하고 있다.

지금까지 난 운 좋게 L전자 대기업 Learning Center에서 배운 지식과 경험으로, 강의장 교단에서 20년째 꼰대질(?)하며 잘 버텨왔다. 하지만 누구나 갖고 있는 평범한 30평대의 아파트, 30만 킬로가 넘은 10년 된 중대형 자동차, 그리고 아들, 딸 대학 보내고, 유학을 보내며 무한질주 하듯 살아왔다. 그러던 2년 전 어느 날, KBS1파노라마 〈디지털 미래 경제 2편 비트코인, 가상화폐의 도전〉을 보고나서 비트코인을 향한 새로운 도전이 시작되었다. 그리고 3년이 지난 요즘 그 꼰대는 자랑질? 하고 다닌다.

"야 나 비트코인 부자야! 진짜라니까!!"

이 책의 핵심은 '비트코인에 투자하라'는 것이다.

첫 번째 〈부의 미래, 비트코인〉의 책은 단순히 비트코인을 알리는 목적에 불과했다면 두 번째 책 〈비트코인 경제학〉은 매일 쏟아내고 있는 신문과 방송 그리고 서점가의 책을 보며 비트코인으로 시세차익을 얻을 수 있다는 단순한 이야기를 넘어서, 비트코인 경제학에 대한 생태계와 투자에 대한 조언과 방법을 알리고 싶었다.

비트코인 최고의 투자전략은 현재까지 4가지 정도로 파악되었는데,
첫 번째, 직접 물건을 팔아서 비트코인으로 대금을 받아 모으는 방법
두 번째, 비트코인 거래소에서 매도, 매수하여 시세차익을 노리는 방법
세 번째, 그 어렵다는 채굴기를 구입하여 직접 채굴해서 모으는 방법
네 번째, 세계적인 채굴회사에 지분투자 대가로 모으는 방법
다섯 번째, 2017년 12월부터 시카고 선물거래상품을 통해 수익을 얻는 방법 등이 있다.

위의 5가지 투자내용을 포함한 〈비트코인 경제학〉 개념과 응용에 대하여, 수원에 거주하는 비트코인 초보자인 작은형님도 읽을 수 있게, 건실한 중견기업 출퇴근으로 힘들어 하는 사위가 읽어 힘이 되게, 비트코인 천국이라며 분기마다 일본 비트코인 체험여행을 다녀와 쫌(?) 아는 척하는 중급수준의 아들이 읽고 공감할 수 있도록 책의 난이도를 조절했다.

이 책은 방대한 분량의 다양한 자료를 근거로 쓰인 책이다.

〈부의 미래, 비트코인〉 첫 번째 출간 원고를 수정, 보완하여 재출

간하는 〈비트코인 경제학〉은 비트코인에 주관적인 경험기나 몇 개월에 얼마를 벌었다는 식의 선정적 내 자랑이 아니라 정말 비트코인의 미래가 무엇인지 알고 싶어 논문이나 전문서적 같은 확실한 자료를 토대로 고민해본 결과물이다. 단순히 얄팍한 내 경험 위에서 내가 하고 싶은 말이 아닌, 학자들, 연구소, 언론, 투자자문회사 분석자료, 네티즌 그리고 일반인들까지. 비트코인은 도대체 무엇인지 살펴보고 싶었다. 새롭게 추가해야 할 내용과 보완해야 할 내용을 구분하며 기관 자료실 탐색, 대형서점, 도서관 등을 돌면서 자료수집하고 집필하는 과정이 고되긴 했다.

이 책은 총 8장으로 장(章)으로 넉넉한 내용으로 구성하였다.
1장. 가상화폐 비트코인 비범한 경제
2장. 비트코인 본격해부
3장. 비트코인의 진화
4장. 비트코인의 거래와 활용
5장. 비트코인과 가까운 미래
6장. 가상화폐 알트코인
7장, 거래소, 비트코인 지갑 파헤치기
8장, 가상화폐의 미래 전망

그리고 장(章)이 넘어가는 사이사이에 #비트코인 체험수기를 추가하였다. 영화감독, 오성급 호텔쉐프, 제주개인택시기사, 국악 소리꾼, 전직 유명방송 PD까지 다양한 사람의 체험기를 실어 독자들과의 동질감을 극대화하는데 노력했다.

지혜(智慧)는 발뒤꿈치를 들고 무릎으로 "딱!"하는 소리와 함께 오더라

지혜는 발뒤꿈치를 들고 소리 없이 다가와, 한 순간 찌릿한 기운으로 온몸을 휘 돌아 손바닥의 힘을 빌려 무릎을 "딱!" 치는 순간 온다. 그때부터 비로소 지금까지의 모든 궁금증이 해갈되는 듯, 세상과 나는 하나가 되는 장엄함을 느끼게 된다. 하지만 그것이 또 다른 물음표의 시작임을 우리는 모른다.

비트코인이 처음 내게 다가왔을 때도 무릎을 통해 "딱!" 하는 소리와 함께 장엄함으로 다가왔고, 비트코인 경제학에 대한 또 다른 물음표가 막 시작되었다. 이 책을 마무리 지을 즈음에.

Bitcoin economy started!

2017년 12월 초

천안 일봉산 자락에서, 혜공 이용갑

암호화폐 투자자를 위한 추천글

CEO <임한수>

산업혁명을 거치면서 부의 패러다임이 크게 바뀌었습니다. 몸으로 일하던 농경시대에서 기계로 일하는 산업시대가 되었기 때문입니다. 그리고 다시 정보와 지식의 시대가 되었으며, 이제 4차 산업혁명 시대가 되었습니다. 마찬가지로 부의 패러다임은 또다시 바뀌었으며 돈이 없다고 푸념하는 시대, 빈곤의 시대라고 하는 오늘에도 부자들은 계속해서 늘어만 가고 있습니다.

시대적 전환기인 2017~2018년 어떤 패러다임의 전환이 이루어지고 있을까요?

지금은 '금융'과 '화폐' 그 시스템 자체가 바뀌고 있는 중입니다. 금에서 지폐로 바뀌었듯이 지금 암호화된 화폐로 말입니다. 현재 전 세계의 많은 국가에서 인터넷과 은행만 있다면 어디서든 현금화할 수 있는 돈이 있습니다. 그것이 바로 최근 엄청난 이슈를 몰고 온 비트코인입니다.

비트코인은 금과 아주 유사한 특징을 가지고 있으며 금보다 뛰어난 장점을 가지고 있습니다. 전 세계 어디로든 메일처럼 보낼 수 있다는 편의성을 지니면서도 누구도 비트코인의 숫자를 바꾸거나 데이터를 조작할 수 없는 화폐입니다. 비트코인은 이미 기존 화폐시스템이 붕괴되는 시점에 새로운 화폐시스템을 구축하기 시작했습니다.

내가 살고 있는 이 시대에 금융의 패러다임이 바뀌고 있다는 것은 우리에게 엄청난 기회가 다가오고 있다는 것을 의미합니다. 금융의 패러다임이 전환되고 있다는 것을 볼 수 있는 선구안과 기회가 왔을 때 잡을 수 있다는 것은 축복입니다. 한번뿐인 인생에서 최고의 기회를 잡을 수 있기 때문입니다. 이 책을 모두 읽을 때쯤 당신은 그 방법을 알게 될 것입니다.

비트코인은 아직도 많은 사람들이 '사이버 머니' 쯤으로 알고 있습니다. 제대로 모르는 것이지요. 아직도 수많은 대부분의 사람들이 모르고 있다는 사실은 기회의 초기임을 반증하는 것입니다. 칼은 요리사가 잡으면 사람들에게 맛난 음식을 제공하고 강도가 칼을 잡으면 무서운 무기가 되는 것처럼 기회도 마찬가지입니다. 이용갑 박사님은 이 책을 통해 비트코인의 기회에 대하여 옥석을 가려주는 안목을 선물해주고 있습니다. 수많은 근거와 입증된 자료, 논거들을 훌륭한 요리사처럼 잘 요리하여 여러분에게 비트코인의 진실과 전망을 친절하게 설명해주고 있습니다. 제게도 그랬던 것처럼 여러분에게도 말입니다.

대부분의 정보에는 옥(玉)과 돌(石)이 섞여있습니다. 옥 인줄 알았지만, 나중에 돌이었거나 돌 인줄 알았더니 훗날 옥이었던 정보들은 수시로 우리주변을 맴돌고 있습니다.

이용갑 박사님의 책과 강연을 통해서 본인역시 비트코인의 부와 정확한 정보에 근접할 수 있었습니다. 시대적 대전환기에 비트코인이라는 새로운 기회를 이용갑 박사님의 책과 강연을 통해 만나게 될 것이라 확신합니다.

Part 1

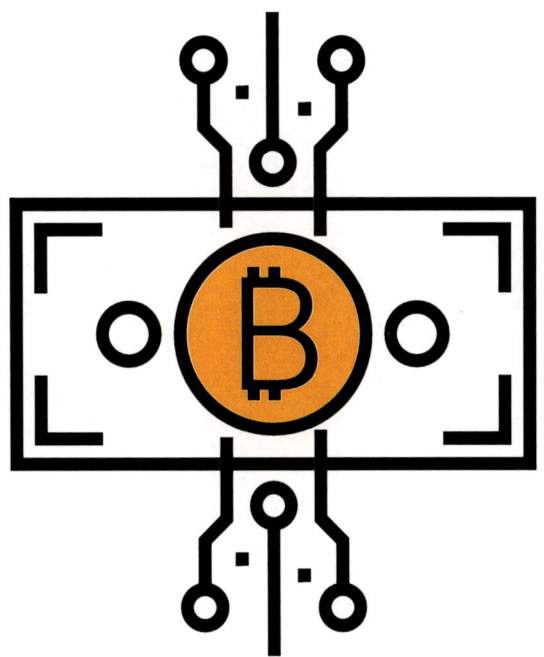

암호화폐 비트코인 비범한 경제

Part 1

암호화폐 비트코인
비범한 경제

비트코인 개발자, 2016년 노벨경제학상을 노리다

　나카모토 사토시라는 익명을 사용하는 비트코인 개발자가 2016년 노벨경제학상 후보에 올랐다. 나카모토를 추천한 사람은 캘리포니아대학(UCLA) 금융학과의 바그완 초드리 교수였는데, 당시 익명의 신원이 밝혀지지 않은 사람에게 노벨상 위원회가 연락을 취하기란 불가능하여 결국 채택되지 못했다.

　그럼에도 불구하고 후보로 오른 까닭은 '비트코인이 바로 혁명[1]'이라는 방증이다. 비트코인은 역사상 인터넷의 등장과 맞먹는 가치를 인정받고 있다고 해도 무방하다. 인터넷이 등장했던 때를 한 번 떠올려보면, 인터넷은 1980년대에 첫 등장한 이래로 1990년대 중반부터

---

[1] 뉴스위크한국판, 비트코인이 힘을 키워 돌아왔다, 2015.11.18.

빠르게 성장했다. 인터넷의 발달은 정치, 경제, 사회, 문화뿐만 아니라 화폐에도 영향을 끼쳤는데 그 파급력은 가히 대단했다.

인터넷이 대중화되면서 전자화폐(electronic money)가 만들어졌고, 이를 통해 게임 아이템이나 소액의 디지털 콘텐츠를 구매할 수 있게 되었다. 이러한 전자화폐처럼 디지털 비트로 만들어졌지만 법적 규제를 받지 않는 가상화폐가 혜성처럼 등장했으니, 그 대표적인 예가 바로 비트코인[2]이다.

사토시 나카모토는 2009년 1월 9일 처음 비트코인을 오픈 소스로 공개[3]하면서, 자신의 논문을 발표해 사람들의 이목을 집중시켰다. 나카모토의 논문을 살펴보면 개인 간 전자화폐 시스템에 대해 아주 자세하게 설명되어있다. 잠시 들여다보면,

순수한 개인과 개인 간 전자화폐 거래는 금융기관을 거치지 않고도 가능하게 될 것이다. 제3자가 이중지불에 대한 보안을 요구할 경우 비트코인의 장점이 많이 약해지지만 디지털 서명 기술이 이러한 이중지불을 해결해 줄 것이다. 본 논문에서는 P2P 네트워크를 이용한 이중지불 문제의 해결 방법을 제시하고자 한다.(하략)

---

[2] 김태오, 가상화폐의 이용현황과 시사점 Bitcoin과 Linden Dollar를 중심으로, 금융결제원, 2013.07
[3] 경향비즈, 베일에 가린 비트코인 창시자 '일본인 아닌 호주인' 가능성, 2015.12.09.

> **Bitcoin: A Peer-to-Peer Electronic Cash System**
>
> Satoshi Nakamoto
> satoshin@gmx.com
> www.bitcoin.org
>
> **Abstract.** A purely peer-to-peer version of electronic cash would allow online payments to be sent directly from one party to another without going through a financial institution. Digital signatures provide part of the solution, but the main benefits are lost if a trusted third party is still required to prevent double-spending. We propose a solution to the double-spending problem using a peer-to-peer network. The network timestamps transactions by hashing them into an ongoing chain of hash-based proof-of-work, forming a record that cannot be changed without redoing the proof-of-work. The longest chain not only serves as proof of the sequence of events witnessed, but proof that it came from the largest pool of CPU power. As long as a majority of CPU power is controlled by nodes that are not cooperating to attack the network, they'll generate the longest chain and outpace attackers. The network itself requires minimal structure. Messages are broadcast on a best effort basis, and nodes can leave and rejoin the network at will, accepting the longest proof-of-work chain as proof of what happened while they were gone.
>
> **1. Introduction**
>
> Commerce on the Internet has come to rely almost exclusively on financial institutions serving as trusted third parties to process electronic payments. While the system works well enough for most transactions, it still suffers from the inherent weaknesses of the trust based model. Completely non-reversible transactions are not really possible, since financial institutions cannot avoid mediating disputes. The cost of mediation increases transaction costs, limiting the minimum practical transaction size and cutting off the possibility for small casual transactions,

출처: 사토시 나카모토 비트코인 논문 https://bitcoin.org/bitcoin.pdf

나카모토의 논문은 1998년 암호학자인 웨이다이(weidai)가 구상했던 암호통화(cryptocurrency)인 b-money의 개념을 기반으로 만들어졌다. 이 비트코인은 2009년 1월부터 발행을 시작하였고, 공급량은 4년마다 50%씩 감소한다고 한다. 이 발행량은 시간이 지날수록 줄어들어서 최대 2,100만 BTC 까지 발행되도록 설계되었다.

이제 비트코인이 무엇인지 대략 감이 오는가? 아직 모르겠다면 지극히 당연한 반응이다. 비트코인에 대한 자세한 설명과 소개는 다음 장에서 본격적으로 펼쳐질 것이니 걱정할 것 없다. 이제부터 비트코인과의 긴 여행이 시작될 것이다. 준비가 됐다면 같이 떠나보자.

궁금증해결
비트코인개발자는 일본사람인가요?

2008년 나카모토 사토시라는 이름을 사용한 사람이 인터넷에 비트코인에 관한 논문을 발표한 것이 비트코인 개발의 유래입니다. 이 논문 외에는 사토시에 대한 사적인 정보가 전혀 알려지지 않아 국적이 일본인지는 확인할 수가 없습니다. 다만 사토시는 2009년 1월 3일 처음으로 비트코인을 채굴해 50TBC를 획득하였고 이것이 비트코인 역사의 시초가 되었습니다. 그리고 비트코인 개발자가 호주의 사업가 겸 컴퓨터 공학자인 크레이그 스티븐 라이트(47)라는 사실이 BBC방송에 의해 보도되었습니다. 크레이그 스티븐 라이트(47)씨는 "내가 비트코인 개발자"라고 공개적으로 밝혔지면 그 진위에 대해서는 아직도 명확하지 않습니다. [조선비즈, 비트코인 개발자 '나카모토 사토시' 정체 7년여 만에 밝혀져 2016.05.02]

비트코인이 1억 원 돌파한다?

조만장자라고 들어봤는가?
인류 최초의 '조만장자'(Trillionaire, 달러 기준)는 누가될까?
억만장자는 들어봤을 것이다. 하지만 이제는 조만장자의 시대가

임박했고, 조만장자는 곧 가상화폐의 시대에 출현할 것이라고 '억만
장자'들이 예측하고 있다. 미국의 경제전문지 포브스가 '2015 세계 부
호 리스트'를 공개해 화제가 된 가운데 과연 이들 억만장자를 넘어서
조만장자가 등장할 수 있을지에 대해서도 관심이 쏠리고 있는 모양
이다. 그것도 비트코인을 통해.

비트코인이 아직 대중적으로 사용되는 것은 아니므로 일반인들은
거의 접해볼 기회가 없었다. 이 때문에 비트코인에 대한 막연한 환상
을 갖기 쉬운데 어쩌면 "몇 달 만에 가격이 수십 배 오른다더라"는 식
의 '카더라' 통신이 부추긴 결과일지도 모른다. 많은 사람들이 생각하
는 것처럼 비트코인은 단순히 투기나 도박의 대상일까? 물론 비트코
인의 가격이 상승과 하락을 넘나드는 것은 틀림이 없지만 이보다 중
요한 것은, 비트코인이 갖고 있는 고유의 가치와 잠재성일 것이다.

비트코인의 가격 변화 추이[4]를 살펴보자. 2010년에 불과 7센트였
던 비트코인의 가격은 2013년 11월에 1,000달러를 돌파하였으나,
2014년 2월에는 543달러까지 떨어졌다. 그리고 2017년 1월에 다시
1,096달러까지 상승했다. 이러한 급등과 급락은 왜 일어나는 것일까?

비트코인의 가격 폭등은 공급을 줄이는 반감기 기간이 있었기에
가능[5]했다. 비트코인은 발행 총량을 4년마다 관리하고 있는데, 이를
위해 생산단위를 절반으로 줄이는 반감기를 거친다. 이러한 반감기

---

[4] 전진우, [그래픽]비트코인 가격 추이, 뉴시스, 2017.01.06.
[5] 변재현, 비트코인 가격 719.85弗, 2년4개월만에 최고 수준, 서울경제, 2016.06.14.

는 2016년 7월 9일에 있었고, 그 이후에 가격이 급등하게 된 것이다.

반감기는 비트코인의 통화량 증가를 억제하도록 설계된 시스템[6]이다. 초기 2009년에는 10분당 50개의 속도로 생성되었던 비트코인이 2145년 이전까지 총 2,100만개만 유통되는 시점이 올 것이며, 그 이후부터는 더 이상 비트코인이 생성되지 않게 된다. 따라서 2020년에는 전체 공급량의 약 94%가 유통[7]될 것이라고 관련 업계는 전망하고 있다. 이러한 시스템이 공급의 과잉으로 인한 비트코인의 가치 하락을 막는 역할을 해주고 있다.

비트코인에 대한 각국의 입장은 다양하다. 중국과 러시아 등지에서는 제1의 가상화폐인 비트코인이 설 자리를 점차 잃어가고 있다. 반면 선진국 시장에서는 비트코인에 대한 관심이 나날이 증폭되고 있는 실정이다. 2015년 초 미국의 코인베이스는 24개 주로부터 비트코인거래소 개설을 허가 받았으며, 현재 비트코인거래소를 운영하고 있다. 독일의 경우 베를린 내 여러 상점에서 비트코인으로 결제가 가능하며, 심지어 일반주점에서도 사용이 가능하다.

현재 비트코인과 주로 거래되는 통화는 호주 달러, 영국 파운드, 중국 위안, 유로, 뉴질랜드 달러, 러시아 루블, 미국 달러 등이 있다. 그 중에서도 아르헨티나는 인플레이션에 대비해 비트코인에 대한 투

---

[6] 전주용, 비트코인의 이해와 시사점, 정보통신정책연구원, 2013.10.31.
[7] 신상화, 비트코인의 발전 현황과 정책적 시사점, 한국조세재정연구원, 2015.05

자를 시작[8]했다고 한다. 이처럼 비트코인을 인플레이션에 대한 헤지(Hedge) 수단으로 사용하는 국가들이 있다는 것은 그만큼 투자할만한 가치를 인정받았다는 뜻이 아닐까?

궁금증해결
비트코인 정말 1억 갈까요?

지금까지는 큰 부자를 억만장자라고 했습니다. 그러나 세계 금융계는 이제 1조달러 이상의 부를 거머쥔 조만장자(Trillionaire)의 탄생에 관심을 갖기 시작했다고 합니다. 스위스의 금융그룹 크레디트 스위스(CS)는 '2013 세계 부 보고서'에서 지금과 같은 경제 흐름이 이어질 경우, 머지 않아 첫 조만장자가 등장할 것으로 전망했습니다. 그 후보군에 '암호화폐'가 첫 번째로 들어있습니다. 암호화폐를 중심으로 새로운 단일 금융시장을 형성할 경우, 암호화폐 금융가에게 펼쳐진 사업 기회는 억만장자를 넘어 '조만장자'의 시대로 진입할 것입니다.

---

[8] 지인엽 · 전광명, 가상화폐와 인플레이션 헤지: 비트코인 사례, 정보통신정책연구, 제23권 제3호, 2016.09

2030년 세계 제6대 기축통화로써의 전망

우리나라는 2017년 4월부터 한국은행의 주도로 '동전 없는 사회' 시범사업[9]을 실시한다. 편의점에서 물건을 사고 거스름돈을 동전으로 받던 시대가 저물고 있는 셈이다. 머지않아 선불카드에 동전 대신, 거스름돈을 충전하여 현금처럼 쓸 수 있는 아주 편리한 서비스를 사회 곳곳에서 만나볼 수 있으리라 생각된다. 그도 그럴 것이 한국은행이 2020년까지 동전 없는 사회를 실현할 것이라고 선언했으니 말이다. 우리는 비트코인 덕분에 이러한 현실을 좀 더 일찍 경험하고 있다. 아직 완벽하지는 않지만 비트코인은 진화를 거듭하고 있는데 잠시 비트코인의 현 주소를 살펴보겠다.

전국에 있는 GS25와 미니스톱에 설치된 효성ATM/CD기기에서 비트코인 출금이 가능하며, 코인플러그에서 발급한 SMS 인증번호와 ATM인증번호를 입력하면 즉각 현금으로 출금된다. 은행을 거치지 않고도 출금이 가능하다니 놀랍지 않은가? 이 뿐만이 아니라 공인인증서 없이도 해외 송금까지 가능하다. 게다가 환전 수수료까지 절약할 수 있으며 무엇보다 은행 송금 수수료가 무료[10]이다.

현재 국내 편의점에서의 비트코인 사용기회는 지속적으로 늘어나고 있다. 아래 QR코드를 통해서 우리나라 편의점에서도 활용되고 있다는 사실을 YouTube 뉴스영상으로 확인해보도록 하자. 이것이 우

---

[9] 아시아경제, '동전 없는 사회'를 맞는 유통·금융업계의 자세, 2017.02.10.
[10] 이창균, ATM으로 비트코인 계좌에서 돈 뽑을 수 있을까, 중앙일보, 2016.01.19.

리나라에서 현재 일어나는 일이다.

'편의점 에서도 비트코인 산다' 한국 경제 TV (2017-06-16)

비트코인은 수많은 논란 속에서도 화폐로써의 가치를 어느 정도 인정받고 있다. 2014년 해킹을 당한 마운트곡스가 2015년 파산신청[11]을 한 이후에도 비트코인의 달러 환율은 다시 이전 수준을 회복했기 때문이다. 국회입법조사처 조차도 "여러 논란과 위기에도 현재까지 기존의 어떠한 디지털 통화보다 성공적"이라고 비트코인을 평가한 바 있다. 비트코인의 화폐로써의 가치는 대중성을 기반으로 점차 인정받고 있다. 비트코인 이전에도 린든 달러(Linden Dollar)와 같은 디지털 통화가 존재했지만 폐쇄적이었기 때문에 한계가 있었다. 바꿔 말하면, 비트코인은 지금 대중적으로 유통되고 있는 화폐로써의 역할을 다하고 있는 셈이다. 각국의 통화 당국들이 비트코인에 대한 제도적인 보완을 논의하고 있는 사실만으로도 이를 입증한다고 볼

---

[11] 권봉석, 파산한 마운트곡스 1년만에 비트코인 채권 반환신청 개시, 씨넷코리아, 2015.04.23.

수 있다. 그럼에도 불구하고 비트코인의 70%가량이 아직 유통되고 있지 않다[12]는 사실은 어찌 보면 화폐보다는 금이나 은 같은 실물자산의 특성을 보여준다고도 할 수 있다.

비트코인이 화폐냐 아니냐에 대한 논란이 존재함에도 여전히 비트코인의 영향력은 막강하다. 2015년 영국의 마지스터 어드바이스에 따르면, 2030년이 되면 비트코인이 스위스 프랑이나 호주 달러와 같이 세계 기축통화로 거래될 것[13]이라고 한다. 2016년 세계경제포럼은 "2027년이 되면, 전 세계 총생산의 10%가 블록체인 기술로 저장될 것"이라고 예측했다. 어느 한 국가의 화폐가 아닌 암호화폐가 국가의 화폐와 동등한 지위를 가질 수 있다는 사실이 놀랍지 않은가! 현재 세계 제 1대 기축통화는 미국 달러인데 2030년에는 비트코인이 제 6대 기축통화로의 진입이 전망되어진다니 과연, 이 예측이 현실로 다가올지 지켜보아야 하겠다.

---

[12] 정승호, 비트코인 화폐의 상상력을 위하여, 서울대학신문, 2014.03.15.
[13] 신은실, 비트코인 2030년 세계 준비통화 6위권 진입 가능, 연합인포맥스, 2015.11.04.

궁금증해결
북한도 비트코인을 쓰나요?

> 네, 북한도 비트코인에 관심이 많은 것으로 보입니다. 북한이 비트코인을 비롯한 암호화폐를 훔치기 위해 국내 암호화폐 거래소 해킹에 집중하고 있다고 블룸버그통신이 이미 발표했습니다. 북한이 국내 암호화폐(비트코인) 거래소 4곳에 악성 이메일을 유포하는 방식으로 해킹을 시도한 사실도 뉴스로 발표된 바 있습니다. 북한의 경우 돈줄이 막히면서 거래소 해킹을 노리는 듯합니다.

현금 없는 사회와 비트코인

일명 비트코인의 '수도'라고 불리는 곳은 현재 독일의 베를린이라는 도시이다. 비트코인으로 거래가 가능한 상점이 전 세계에 8천여 곳이나 된다는 게 상상이 가는가! 비트코인이 사용되는 범위는 점차 확산되고 있다. 심지어 북한에서. 이곳에서는 지갑도 현금도 전혀 필요가 없다. 바로 비트코인으로 거래가 가능하기 때문이다.

비트코인은 종이가 아닌 전자화폐이다. 전자서명의 연속이어서 각 공개키와 개인키 소유자들이 전자서명 후 넘기는 식이다. 이 전자화폐를 받는 사람은 이전의 서명을 검증할 수 있다고 한다. 그럼 그 과정[14]을 한 번 살펴보자.

---

[14] 이준형·이성훈·이도은·김우철·김민수, 비트코인을 활용한 효율적 전자화폐 활

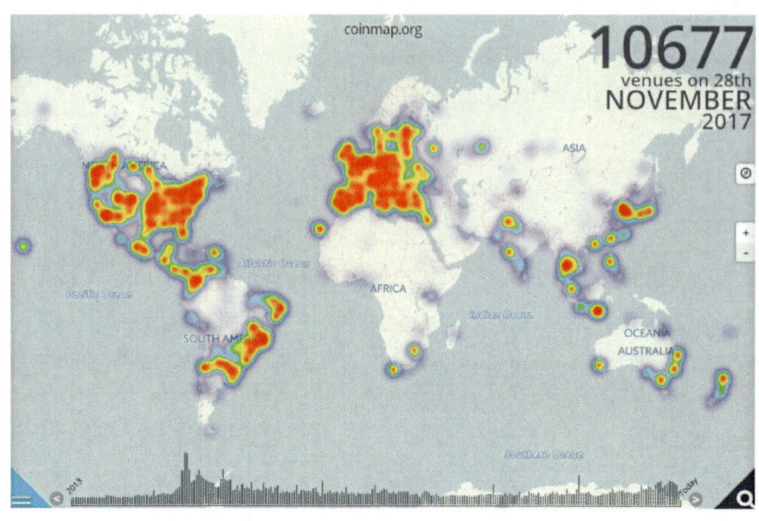

코인맵에서는 전세계 비트코인 사용현황을 알려준다. 2017.11.23. 기준
[출처: https://coinmap.org/#/world/12,89748918/13,35937500/2]

    우선 거래 1이 있다고 가정하자. A라는 사람이 공개키를 암호화한다. 그리고 A는 이전의 소유자가 남긴 전자서명을 검증한다. 검증이 완료되면 A는 자신의 개인키를 서명함으로써 간단하게 거래 1이 완성된다.

    다음 거래를 보자. 거래 2는 B라는 사람이 공개키를 암호화한다. 이때 B는 A의 전자서명을 검증한다. 그런 다음, B는 다시 자신의 개인키를 서명한다. 이런 식으로 서명에 서명을 더하는 전자화폐 거래를 비트코인 거래라고 한다.

성화 방안, 융합보안 논문지 제16권 제4호, 2016.06

현재 전자금융과 블록체인 방식 비교

현재 전자금융 방식
은행이 거래와 장부를 모두 관리

블록체인 방식
각자 같은 장부를 투명하게 가짐

출처: http://www.hani.co.kr/arti/economy/it/721667.html

블록체인은 금융거래에서 장부 책임자가 없는 거래 시스템이다. 해커가 디지털 장부를 조작하려 해도 이용자가 수 천만 명, 수 억 명이라면, 흩어져 있는 장부를 한꺼번에 조작할 수 없기 때문에 상대적으로 안전하다고 볼 수 있다.

그런데 이중지불이라는 위험성은 없을까? 결과만 말하면 있다. 현금은 종이로 되어 있기 때문에 위조지폐가 아닌 이상 이중지불이 될 수가 없겠지만, 비트코인을 사용할 때는 이중지불에 대해 우려하지 않을 수 없다. 그럼 비트코인의 이중지불이 무슨 뜻인지 자세히 살펴보자.

비트코인 거래소나 전자지갑에 저장된 개인키가 유출 될 경우, 이중지불 문제가 생길 수 있다. 실제로 2014년 12월에 비트스탬프라는

비트코인 생성 및 사용 흐름도

비트코인의 경우 채굴과정을 거쳐서 실제 거래에서도 사용될 수 있다.

거래소의 서버가 공격을 당해 개인의 비트코인이 유출되었다고 한다. 이러한 이중지불 공격은 비트코인의 블록체인 신뢰구조를 통해 예방하기도 한다.

따라서 비트코인의 신뢰구조를 더욱 탄탄히 할 필요가 있는데, 거래의 중요도가 높을수록 거래가 완료되기 전에 각 개인들은 여러 단계의 승인 과정을 절차로 마련해야 할 것이다. 기존의 거래는 거래 완료 시까지 총 6회의 승인과정을 거치게 되는데 이마저도 불안할 경우, 더 많은 승인 절차를 지정할 필요가 있다. 거래 승인 및 보안 강화를 위한 수학적 계산을 하도록 하는 처리과정을 몇 단계 더 늘리는 기술적 보완이 이루어진다면 전통적 비트코인의 6회 승인과정에서 크고 중요한 거래일수록 승인횟수를 늘리는 방식으로 비트코인은 보완될 것이다.

현금 없는 사회는 다소 각박하지만 시대적인 흐름이다. 여러분의 잔돈으로 먹고사는 사람들은 점차 사라지게 될 테니 각박하다고 말할 수밖에 없다. 하지만 경제적으로 이것은 현실화되고 있다. 이제 현금 없는 사회가 성큼 다가왔다. 그것을 믿지 못하겠다면, 아래 리포트 영상을 필히 시청하길 바란다.

> **보다 자세히 동영상 Tip**
>
> **KBS 미래기획 2030**
> 미래기획 2030 (1TV, 2017년 8월20일) '현금 없는 세상, 금융혁명이 시작된다' 편
>
>

궁금증해결
블록체인이란 것이 무엇인가요?

암호화폐 거래를 공개적으로 기록하는 디지털 장부를 말합니다. 이 디지털 장부는 여러 개의 블록으로 이루어진 체인입니다. 최초의 블록에서 마지막 블록까지 개별블록이 이전 블록에 대한 정보를 갖고 있습니다. 모든 거래 정보는 여러 노드에 걸쳐 분산되어 저장 및 관리됩니다.
쉽게 설명해보죠.
내가 당신과 거래를 합니다. 내 장부에 거래내역이 당신의 장부의 거래내역과 일치하면 거래가 이루어집니다. 블록체인은 바로 이러한 장부를 옆집에 사는 아저씨, 또 그 옆집에 사는 아줌마의 장부로 분산시켜 기록합니다. 거래를 할 때 여러 사람의 장부가 일치가 되면 거래가 이루어지도록 하는 것입니다. 수많은 장부들이 수많은 컴퓨터에서 작동되므로 누군가 모든 컴퓨터의 장부를 일시에 조작하는 것이 불가능해 집니다. 누군가 100대 1000대의 컴퓨터를 한 번에 조작할 수는 없겠지요. 여기서 블록체인의 신기술이 힘을 발휘합니다. 비트코인이 위조, 조작불가능 하다는 사실도 블록체인의 기술 위에서 사용되기 때문입니다.

비트코인과 성공보수

비트코인은 채굴(마이닝)을 통해 다수의 네트워크 참가자들과 거래하는 암호화폐이다. 이 채굴은 수학문제를 풀 듯 P2P 네트워크상의 암호화 알고리즘을 풀어나가는 것을 말하는데, 한국은행이 내린 비트코인의 정의를 한 번 살펴보자.

채굴이란 비트코인의 계좌이체 거래기록 집합인 블록(block)을 승인하는 작업을 말하는데, 채굴자들은 새로운 블록을 형성하기 위해 비트코인 시스템이 요구하는 특정한 작업을 수행하고 그 대가로 비트코인을 얻는다.[15]

채굴에 성공하게 되면, 시스템 운영에 기여한 대가로 비트코인이 주어진다. 이러한 비트코인의 획득은 채굴자들의 성공보수[16]와 같다. 이 성공보수를 확보하기 위해 채굴자들은 '마이닝 풀'이라는 방법을 사용하는데 마이닝 풀에 대해 잠시 살펴보겠다.

마이닝 풀(mining pool, 혹은 마이닝 그룹)을 운영하고 있는 회사 중에 비트클럽의 예를 들자면, 이 회사에서는 마이닝에 참여하는 모든 회원들이 보유한 지분만큼 비트코인의 수익을 나누고 있다. 만약 블록을 채굴할 경우 블록 보상금과 전산 수수료의 수익이 발생하게

---

[15] 한국은행 지급결제조사자료, 비트코인의 현황 및 시사점, 2013.02
[16] 이동규, 비트코인의 현황 및 시사점, 한국은행, 2013

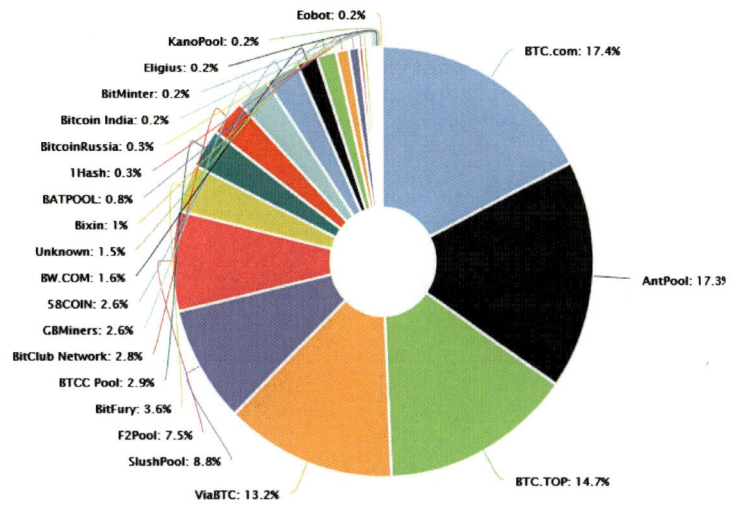

그래프는 비트 코인 마이닝 풀의 시장 점유율을 보여준다.
출처: 블록체인 인포, 2017.11.23. 기준(https://blockchain.info/ko/pools)

되는데, 블록 개수에 블록 보상금을 곱한 금액에 전산 수수료를 더하여 해시 파워 비율을 나눈다. 즉, 기여도에 따라 성공보수가 달라지기 때문에 채굴 커뮤니티는 연일 활발하게 움직이고 있다. 잠시 해시 파워 비율에 대해 알아볼까?

채굴은 끊임없는 해싱 작업을 통한 '목표 값(target value)' 이상의 해시(hash)값 찾기를 말한다. 많은 컴퓨팅 파워를 가지고 있을수록 빠른 속도의 해싱이 가능하다. 즉, 컴퓨팅 파워를 많이 투입하면 비트코인 획득에도 유리한데, 목표 값을 찾아낼 확률과 네트워크상에서 자신이 차지하는 컴퓨팅 파워 비율은 정확히 비례한다. 만약에 누군가가 컴퓨팅 파워를 전체의 30% 정도 갖고 있다면, 목표 값을 찾아낼 확률도 정확히 30%에 수렴한다[17]는 뜻이다.

한편 비트코인은 21만 단위(BTC)가 발행될 때마다 채굴에 대한 성공보수가 절반으로 줄어들도록 프로그램 되어 있어서, 앞서 말한 것처럼 2145년까지 총 발행량은 2,100만 BTC에서 더 이상 늘지 않는다. 그렇다면 2145년 채굴이 종료된다고 가정했을 때, 채굴자들은 어떻게 비트코인을 벌 수 있을까?

아주 좋은 질문이다. 그 이후부터 채굴자들은 블록체인 거래 수수료만을 받게 된다[18]. 그러니 우리는 하루라도 빨리 채굴회사에 투자를 하거나 국내 거래소를 통해 비트코인 수량을 더 많이 확보해야 미래의 부에 중심에 설 수 있지 않을까? 기회는 얼마 남지 않았다.

비트코인 난이도가 720억 분의 1이라 채굴도 상당히 힘들다. 채굴을 한 마이너는 전 세계의 해당 블록 수수료를 갖게 됨으로써 시세와 상관없이 수익을 낼 수 있다. 이는 앞으로 채굴이 어려워지고 장비의 투자가 더욱 힘들어질 것을 대비해서 클라우드 펀딩처럼 투자자를 유치하고 채굴 후 수익을 배분하는 방식이다.

---

[17] 지인엽 · 전광명, 가상화폐와 인플레이션 헤지: 비트코인 사례, 정보통신정책연구, 제23권 제3호, 2016.09
[18] 지인엽 · 전광명, 가상화폐와 인플레이션 헤지: 비트코인 사례, 정보통신정책연구, 제23권 제3호, 2016.09

궁금증해결
비트코인 남의 나라 이야기 아닌가요?

우리나라에 비트코인 거래소가 생겨난 때는 2013년입니다. 우리나라의 대표적인 암호화폐 거래소인 빗썸의 비트코인 시가총액은 약 1천5백억 원이 넘습니다.
2017년 11월 기준 우리나라에서 거래되고 있는 비트코인의 양은 약 1만9천여 개 정도입니다. 모든 것이 우리나라에서 일어나는 일들입니다.

은행 없는 세상

　은행이 사라지고 있다. 사실이다. 이미 여러분의 동네에 영업하던 은행들이 통폐합 되고 있는 중이다. 그만큼 비대면 금융이 늘어나고 있기 때문이다. 대신 스마트폰으로 은행업무를 처리한다.
　은행이 사라지는 현상은 비트코인의 사용시기와 맞물린다. 더불어 모바일 금융기술의 발전과도 맞물린다. 비트코인은 중앙통제기관 없이 개인과 개인 간의 거래를 기반으로 하고 있다. 그래서 기존 화폐처럼 정부의 통화정책에 따른 통화량 조절이라는 개념이 없다. 그러니 은행이나 카드사처럼 제3자의 개입이 필요치 않다.

　은행이 없어진다 건 무슨 의미일까?
　비트코인은 철저히 수요와 공급의 법칙을 따른다. 경제학의 원리를 그대로 구현하는 화폐인 셈인데 이 뿐만이 아니라 비트코인은 익명성이 보장되는 암호화폐이다. 거래의 내역은 투명하게 공개되지만 그 계좌의 주인이 누구인지는 알아낼 수가 없다. 그래서 가끔은 다양한 논란을 만들어내기도 한다[19].

우리는 돈을 예금하거나 빌릴 때, 은행이나 카드사처럼 신용기관을 이용해 왔다. 그 과정에서 신용기관에 중개 비용인 수수료를 많이 지불했는데 이 수수료는 ATM기기 사용 수수료, 대출 수수료, 대출 이자 등 셀 수 없이 많다. 한국은행의 기준금리(2017년 4월 기준)는 역대 최저치인 연 1.25%인데 반해 시중 은행의 주택 담보 대출 평균 금리는 3% 선[20]이다. 이렇게 알게 모르게 나가는 수수료가 아까울 때가 참 많다. 그런데 이러한 중개기관인 은행이 파산하기라도 하면 어떻게 될까? 우리는 어떠한 보호나 도움도 받지 못하고 돈을 잃게 된다. 그에 반해 비트코인은 중개 비용의 절감과 중개기관의 파산위험을 해결해주는 자유로운 전자지급 수단인 것이다. 이쯤 되면 비트코인 창시자에게 감사 인사라도 해야 할 것 같다.

초저금리 시대의 도래로 은행들의 수익성이 둔화되고 부실채권 규모가 증가하는 이때, 은행에게 비트코인은 위협으로 다가올 것[21]이다. 은행이 사라진 세상은 더 이상 상상속의 이야기가 아니다. 지금도 은행들은 크나큰 기로에 서 있다. 모바일뱅크가 이미 대세로 자리

---

[19] 김자봉, 비트코인 거래 메커니즘의 분석과 시사점, 한국금융연구원, 2014.09.19.
[20] SBS NEWS, 유례없는 초점금리 시대...그래도 은행은 번다, 2016.11.07.
[21] 삼정KPMG 경제연구원, Samjoung INSIGHT, Issue 45, 2016

잡아 인터넷 전문은행이 출범하고 영업을 시작하면 더더욱 이러한 추세가 가속화될 것이다.

최근 우리나라 은행들은 ATM기기와 은행 점포를 대폭 줄이고 있다[22]. 모바일·인터넷 뱅킹 등 비대면 거래가 확산되면서 수익성이 떨어지는 영업점을 없애거나 통·폐합하는 식으로 말이다. 전체 은행 거래 중 비대면 거래가 90%를 넘는다고 하니 그야말로 '은행 없는 은행'의 등장이라고 할 수 있다. 이러한 변화를 읽고 얼마나 준비하느냐에 따라 은행 없는 시대의 승자가 결정될 것이다. 신한은행은 2016년 12월부터 은행권 최초로 비트코인의 해외송금을 시작했다[23]고 하니 반가운 소식이 아닐 수 없다. 비트코인으로부터 시작되는 금융혁명, 이제 시작에 불과하다.

현재 우리나라에는 10여개의 비트코인 거래소가 운영 중이다.

---

[22] 선명수, 은행 점포는 왜 사라질까…'은행 없는 은행' 시대 빨라진다, 경향비즈, 2017.01.15.
[23] 정지성, 신한은행 올 12월 은행권 최초 비트코인 해외송금, 매일경제, 2016.11.04.

한국 비트코인 거래소 종합 지표

한국 종합 비트코인 가격 (KOBIC)	한국 거래소 전체 거래량 (24H)
8,975,152 원	37,438 BTC

24시간 전 대비 등락	24시간 전 대비 등락률
- 69,608 원	- 0.77 %

주요 거래소별 비트코인 가격

거래소	현재 가격	거래량 (unit)
빗썸	8,970,000원	25,962 BTC
코빗	8,990,000원	5,369 BTC
코인원	8,984,000원	6,107 BTC
코인네스트	8,997,000원	2,481 BTC
세계 평균	8,870,607원	-
• 이더리움	418,200원	

한국 비트코인 거래소 종합지표, 2017.11.23. 기준
[출처: https://www.coinass.com/CT_report_exchange.php]
3대 거래소에서 하루 총 거래량은 약 10,000 BTC, 그 중 빗썸이 70%이상 차지

위 거래소는 원화와 비트코인 간 거래를 중개한다. 채굴 이외에 비트코인을 획득하는 방법이 거래소를 통한 구매인데 비트코인 거래소에서 다국적 통화를 매개로 비트코인을 거래할 수 있다. 거래에 참여하기 위해서는 가상계좌를 개설해야 하고 비트코인이나 현물화폐를 계좌에 예치해야 한다. 아직 늦지 않았으니 함께 시작해 볼까?

궁금증해결
현금/카드와 비트코인이 다른 점은 무엇인가요?

현금이나 카드와 달리 눈에 보이지도 만질 수도 없는 화폐입니다. 가장 큰 차이점은 투자에 활용을 할 수 있다는 점이지요. 하지만 실제 우리가 사용하는 돈처럼 은행업무를 볼 수 있고 현금으로 바꿔 쓸 수도 있습니다. 가상에 있는 코인일 뿐이지 실제 돈과 별 차이가 없습니다.

암호화폐 전문가 시대

암호화폐 전문가는 왜 필요한가?

최근 2~3년 전부터 비트코인을 무등록 인터넷 다단계, 유사 수신, 온라인 도박, 탈세 등에 악용하는 사례가 빈번히 나타났다. 또한 비트코인과 유사한 암호화폐가 지속적으로 생겨나기 시작하면서 국내에만 20곳이 넘는 관련 업체가 운영되고 있는데, 이러한 업체들에 의해 수많은 투자자들이 피해를 입기도 한다. 이렇게 암호화폐가 악용되는 이유는 바로 익명성이 주어진다는 특성 때문이다. 따라서 암호화폐 전문가의 필요성이 더욱더 대두되고 있고, 투자와 거래는 반드시 인증 받은 암호화폐 거래소를 통해야 한다[24].

잠시 암호화폐 전문가에 대해 알아보자.

암호화폐 전문가는 분야별로 세분화되어 있다. 자세히 살펴보면 가상 디지털 화폐 채굴 기술자, 디지털 화폐 결제 시스템 개발자, 암호화폐 구매 전문가, 암호화폐 가격조절 전문가, 암호화폐 바이러스 치료 전문가, 암호화폐 환전 매니저, 디지털 화폐 거래소 전문가, 디지털 화폐 전망 전문가, 채굴기 개발 전문가, 기존 화폐 전자정보 전환 전문가, 블록체인 전문가, 핀테크 기술 개발자, 핀테크 매니저, 핀테크 지급 결제 전문가 등이 있다[25]. 이렇게 다양한 전문가가 있는데

---

24 김선호, 가상화폐 빅코인 경찰 수사, 한국마케팅신문, 2016.11.18.
25 박영숙, 메이커의 시대 유엔미래보고서 미래 일자리, 한국경제신문, 2015.07.06.

비트코인 전문가라고 소개하면서 투자유치에만 급급하다면 이는 전문가를 사칭한 비트코인 악용 사례라고 볼 수 있다. 이제 누가 진정한 전문가인지 어느 정도 판단이 되는가?

비트코인에 반한 학계, 美 1위 대학도 강좌 개설
프린스턴대, 4월부터 비트코인 강좌 열려… 기본 개념 등 설명

[비트허브=김정아 기자] 미국 최고 명문인 프린스턴 대학교에 비트코인 강의가 신설된다. 프린스턴대는 미국 시사주간지 US뉴스&월드리포트하버드를 제치고 2년 연속 1위를 차지한 명문대이다.
30일 외신에 따르면 오는 4월부터 '비트코인과 디지털화폐 기술'(TC-Tech: Bitcoin and Cryptocurrency Technologies)이라는 이름의 강좌가 열린다. 강의는 온라인으로만 진행되며 주로 의미론적인 부분을 다룬다.

(하략)

기사출처: www.bithub.co.kr/news/articleView.html?idxno=3957
2015-1-31 , 김정아 기자

옆 나라 일본은 지금 비트코인 열풍이 불고 있다. 2016년 비트코인을 취급하는 점포가 무려 4천2백 개를 돌파했고, 일반 쇼핑몰부터 음식점, 미용실, 네일숍 등 그 분야도 매우 다양하다. 이러한 열풍 때문인지 일본은 일찍부터 암호화폐 전문가 양성에도 주력하고 있다.

2016년 8월에는 블록체인 대학교를 개교했다니 일본은 참으로 발 빠르기 그지없다. 블록체인 기술 전문가 육성을 목적으로 한 이 대학교는 블록체인의 실제 적용사례를 공유하여 MBA와 같은 전문인력을 양성해 낼 계획을 갖고 있다. 또 멀지 않은 나라 중국에서는 더 놀라운 일이 벌어지고 있다. 바로 전업 '비트코인 트레이더'가 최근 새

롭게 뜨는 유망 직업이라고 한다. 중국 인민은행은 중국만의 암호화폐를 개발하기 위해 블록체인 전문가를 대거 채용했다는 소식도 들린다. 그렇다면 국내 현황은 어떨까?

　국내에는 아직 암호화폐 전문가 과정이 대중화되어 있지 않다. 일부 소프트웨어 대학원이나 국제정보보호 대학원 등에서 강좌가 개설되고는 있지만 턱 없이 부족한 실정이다. 글로벌 금융의 대 격변시대가 오면 이는 분명 비트코인 때문일 것이다. 우리는 이 시대를 대비해야 하며 암호화폐 전문가가 되어 활약하기 위해서라도 비트코인과 더 친해져야 한다.

궁금증해결
암호화폐 전문가라는 것이 직업화될 수 있나요?

IBM에서 15년간 엔지니어로 일했고, 미래학을 연구하는 다빈치연구소를 만들어 세계적인 명성을 얻고 있는 토머스 프레이는 암호화폐전문가가 나올 것으로 예견했습니다. 우리나라에서는 현재 매일경제 교육센터와 한국경영개발원이 가상화폐 전문가과정을 개설하였으며, 한국정보산업연합회역시 암호화폐전문가 과정을 개설한 상태입니다. 다만 이론에 치우쳐 '정보검색사', '워드프로세스 자격증' 같은 유명무실한 자격증으로 흘러갈지 두고 봐야겠습니다. 암호화폐는 빠른 변화가 예상되므로 실무교육을 담당할 수 있는 교육이 핵심이라 생각합니다.

보다 자세히 동영상 Tip

미국 유명대학교는 왜, 암호화폐 전문가 과정을 설립했을까요?

미국 프린스톤 대학교 비트코인 강좌
Bitcoin and Cryptocurrency Technologies Online Course

미국 프린스톤 대학교 온라인코스 영어강좌를 통해 심도 있게 배울 수 있습니다.

그래픽카드 가격은 왜 폭등하는 거야?

이상하게도 비트코인이 폭등하면서 그래픽카드도 폭등하는 현상이 발생하고 있다. 결론부터 말하자면 그래픽 가격이 폭등했던 이유, 그래픽카드 대란이 일어난 이유는 그래픽카드로 비트코인을 채굴했기 때문이다.

컴퓨터에서 일반적인 연산은 CPU가 담당하지만 암호화폐의 채굴에서 CPU를 사용하는 것은 매우 비효율적이다. 대안으로 떠오른 것이 그래픽카드(GPU)다. 연산 가속 전용 GPU는 암호화폐 채굴용으로 사용하기에는 비싸서 채산성이 맞지 않는다. 차선책으로 가격이 훨씬 저렴한 개인용 그래픽카드 여러 개를 동시에 연결해 연산 가속용으로 사용하는 방법이 개발됐다. 질 대신 양으로 때웠기 때문이다.

올해 비트코인의 가격은 연초대비 +400%, 이더리움은 무려 +3,540% 가까이 상승했다. 상황이 그렇다보니 암호화폐 시장에 대한 투자자들의 관심은 뜨겁다. 암호화폐 거래소를 통한 암호화폐 거래는 코스닥의 일일 거래대금을 넘어서기도 했다. 이제는 거대 IT기업들까지 진출하며 시장은 점차 확대되고 있다.

시장은 점차 커지고 있지만 우려가 높은 것도 사실이다. 중국 당국의 규제, 월가 구루들의경고, 높은 변동성이 계속되면서 불안감이 높아지고 있다. 올해 4분기와 내년 상반기에 세그윗(Segwit, 비트코인 거래처리 용량 해결을 위한 업그레이드) 이슈, 채굴방식 변경에 대한 논의 등 암호화폐 가격에 영향을 미칠 이슈들이 대기하고 있는 점도 부담스럽다.

현재 비트코인의 채굴방식은 POW(Proof of Work)방식이다. 이미 비트코인의 채굴은 몇몇 Pool이 좌지우지하고 있다. 해쉬파워가 몇몇 거대 Pool에 집중되다 보니 블록 결정의 최종권한 역시 그들의 손에 달려있기 때문이다. 이는 비트코인 발전에 발목을 잡고 있는 요소다. 이더리움도 현재 POW 채굴방식을 채택하고 있는데 조만간 POS(Proof of Stake)방식으로의 전환을 도모하고 있는 것으로 알려지고 있다.

POW에서 POS방식으로 채굴방식이 변경되면 채굴시장뿐 아니라 그래픽카드 시장에도 영향을 미칠 전망이다. 부테린은 인터뷰를 통해 채굴방식이 변경되면 채굴업자들이 크게 감소할 것이라고 예측했다. 이는 채굴기 및 그래픽카드시장에도 영향을 미칠 것이다. POW 방식 하에서는 어려운 난이도의 문제를 풀어야 하기 때문에 GPU와 같은 고가의 채굴기의 수요가 많았다. 하지만 POS 방식은 많은 코인을 오래 보유한 투자자에게 블록생성권이 부여되기 때문에 굳이 고가의 채굴기가 필요하지 않다. 바로 그래픽카드를 여럿 연결하여 채굴 효과를 높였기 때문이다. 여기서 그래픽카드 폭등의 요인이 되었던 것이다.

이러한 그래픽카드 시장 과열에 대한 대안은 없을까?

최근 그래픽카드가 급등하는 시기가 되면서 일부 유통사들이 소비자당 구매수량의 제한을 두는 등 적극적으로 문제를 해결하고 있다. 또 공급 측면에서도 그래픽카드 업체들이 채굴 전용제품을 위해 신규 생산라인을 증설하고 전체 그래픽카드 생산라인의 일부를 채굴용 제품 생산으로 돌리는 등 자구책을 만들고 있다. 해외에서는 채굴용 VGA 생산을 위해 제조업체가 특정 게이밍 그래픽카드의 생산을 당분간 중단할 예정이라는 소식도 들린다.

비트코인과 이더리움에 최적화된 장비를 선택하려면 그래픽카드뿐만 아니라 메인보드도 잘 선택해야 한다. 채굴을 할 때 연산속도를 높이기 위해 그래픽카드를 여러 개 설치하는데 이 때 메인보드의 성능이 중요하기 때문이다.

채굴을 24시간 하려면 내구성, 신뢰성, 사후지원 보장성이 높은 제품을 선택해야 한다. 또 그래픽카드를 제대로 인식할 수 있는 고장이 적은 제품이어야 한다. 부하를 잘 견딜 수 있는 하드웨어 설계가 필수이며 각종 전원부 부품의 품질이 높고 쇼트 방지 솔루션이 적용된 안정적인 제품을 선택해야 채굴에 따른 유지보수비용이 적게 든다. 결론적으로 24시간 365일 돌아가는 채굴 PC는 일반적인 PC보다 하드웨어 고장률이 높기 때문에 처음부터 내구성과 신뢰성이 높은 제품을 구매하는 것이 무엇보다 중요하다.

궁금증해결
귀찮게 비트코인 왜 쓰나요?

비트코인은 현금보다 거래가 훨씬 투명하고 정직합니다. 처음 채굴하는 순간부터 이후 거래가 될 때마다 누가 사용했는지 알려주는 정보가 기록되기 때문입니다. 아무리 많이 거래돼도 현재까지의 사용 과정을 전부 파악할 수 있어서 안전하기 때문이지요.

4차 산업혁명과 암호화폐

  블록체인이라는 개념은 새로운 것이 아니지만 이러한 관심은 블록체인 기술에 기반을 두어 구현된 암호화폐의 일종인 비트코인(Bitcoin)의 성공에서 기인한 바가 크다. 즉, 비트코인은 은행과 같은 중앙관리자 없이도 전체 참여자들 간 공동의 분산장부(distributed ledger) 관리를 통해 거래내역의 위·변조를 차단, 화폐발행부터 거래까지 실현해냄으로써 반신반의하던 세계 각 분야에서 블록체인 도입을 고려하는 기폭제가 됐다.

  블록체인은 암호화폐[비트코인, 이더리움(Ethereum;블록체인 기술에 기반 한 클라우드 컴퓨팅 플랫폼 또는 프로그래밍언어)], 장외시장 주식거래[나스닥 링크(Linq;체인닷컴 등 6개 비상장기업의 주식을 대상으로 전자증권을 발행)] 및 해외송금 [리플(Ripple;미국의 핀테크 업체로 해외송금 수수료를 은행의 10% 수준으로 낮춤.)] 등 금융 분야를 중심으로 도입이 활발하며 기본적으로 온라인상에서 정보를 주고받거나 거래가 발생하는 모든 분야에 적용할 수 있다. 국내의 경우 글로벌 블록체인 컨소시엄인 R3CEV(씨티 그룹, 골드만삭스, 뱅크오브아메리카 등 해외 유수의 50여개 금융기관이 참여하는 글로벌 블록체인 컨소시엄으로 회원사와 공동 서비스 개발 및 플랫폼 제공 등 수행)에 KEB하나, 신한, KB국민, 우리, IBK기업 등 5개 은행이 참여하고 있으며, 국내 대부분의 금융기관에서 블록체인 기술의 잠재력에 관심을 갖고 업무 적용을 적극적으로 모색하고 있다.

기본적으로 블록체인은 거래내역을 기록한 장부에 대한 접근 및 관리가 모든 참여자에게 오픈돼 있어 분산성 및 투명성을 제공하지만, 응용서비스 특성에 따라 프라이빗(private)이나 컨소시엄 형태로 장부의 관리 및 공개 수준을 얼마든지 조정할 수 있어 그 응용 잠재력이 매우 크다. 무엇보다 블록체인은 사람을 비롯해 컴퓨터 등 다양한 전자기기가 모두 연결되는 '초연결사회(Hyper-connected Society)'에서 참여주체들 간의 자율적 협업을 위한 플랫폼으로 부각될 것이 예상된다.

국내 대부분의 금융기관에서 블록체인 기술의 잠재력에 관심을 갖고 업무 적용을 적극적으로 모색하고 있다. 현재는 블록체인 기반

금융서비스 기술검증(PoC) 수행과 거래 증빙자료저장 및 개인인증 등 비교적 단순한 서비스에 적용되고 있지만 조만간 해외송금, 자산거래 등 다양한 금융서비스가 출시될 예정이다. 특히 최근에 금융위원장이 연내 금융권 공동 컨소시엄 출범 및 암호화폐의 제도권 편입을 추진하겠다고 밝힘으로써 금융권의 블록체인 도입은 더욱 가속화될 것으로 전망된다.

독일의 스타트업 슬록(Slock)은 부동산 임대서비스에 블록체인 기반의 스마트 계약 서비스를 고안했는데, 입주자가 부동산 보증금과 임대료를 지불하면 그 즉시 스마트폰으로 건물에 부착된 스마트 자물쇠를 통해 문을 열 수 있도록 했다. 계약내용이나 입금내역을 확인하는 중간 매개자 없이 입금만 되면 바로 문을 열 수 있는 플랫폼을 제공해 인기를 끌고 있다. IBM은 지난해 국제전자제품박람회(CES)에서 삼성전자와 함께 연구개발 중인 블록체인 기반 사물인터넷 기술인 어뎁트(ADEPT)를 소개했는데 이를 적용하면 세탁기에 세제가 떨어지면 세탁기 스스로 세제를 주문하고 결제할 수 있다고 한다. 또한 최근에 음원업체인 플레지뮤직(Pledge Music)은 제작자가 음원을 공개하고 이를 내려 받는 소비자가 돈을 지불하는 과정에 블록체인 기술을 도입함으로써 제작자의 저작권이 침해되거나 제3자가 부당한 이익을 챙기는 경우를 막겠다고 밝혔다.

제4차 산업혁명을 이끌 기반기술의 하나로 블록체인을 선정했으며 미국 대선후보 힐러리 클린턴은 "공공서비스에 블록체인을 도입해 더 투명하고 안전하게 하겠다."는 공약을 내걸기도 했다. 이처럼 블록체인은 민간 및 공공 부문을 구분하지 않고 사회각 분야에서 공동의 장부(디지털 기록) 관리를 통한 전자화·자동화를 촉진함으로써 비용절감 및 업무효율 제고는 물론, 투명성을 기반으로 중앙에 집중된 권한의 분산을 실현해 사회전반의 신뢰성을 강화할 것으로 기대된다. 특히 사물인터넷(IoT) 및 인공지능(AI)과 융합돼 제4차 산업혁명 실현의 중요한 축을 담당할 것으로 전망된다.

암호화폐라는 새로운 기술은 기존 기술과 경쟁하면서 기술발전을 이뤄 인간의 삶을 윤택하게 할 것이다. 또 정해 놓은 것 이외의 모든 것을 할 수 있는 네거티브 정책을 전개한다면 암호화폐를 활용한 창조 산업이 많이 탄생할 것이며, 국가 경쟁력과 일자리 창출에도 많은 도움이 될 것이라 생각한다.

궁금증해결
비트코인 어디서 쓰나요?

'블록체인인포' 사이트에서 비트코인 '지갑'을 다운받아 비트코인을 산 후 온·오프라인 상점에서 사용하면 됩니다. 비트코인 애플리케이션을 다운로드한 뒤 비트코인 사용이 가능한 가맹점에 가서 QR코드 스캔을 통해 결제하면 됩니다. 해외 송금도 가능하구요.
일본에서는 일상생활에서 결제가 가능하도록 점점 바뀌고 있습니다. 독일도 화폐로 인정받은 바 있습니다. 이제 비트코인은 일상생활로 점차 파고들 것입니다.

보다 자세히 동영상 Tip

비트코인이 도대체 어디서 쓰이는지, 어떻게 쓰이는지 궁금하시다면 아래 QR코드를 활용하여 스마트폰으로 <비트코인 가상화폐의 도전> 편을 시청하시면 감을 잡으실 수 있을 것입니다.

KBS파노라마 <비트코인 가상화폐의 도전>

"'비트코인'은 역사상 가장 성공한 가상 화폐시스템"이라는 방송프로그램입니다. 비트코인을 처음 해본다면 시청해봅시다.

#. 비트코인 사용법 무작정 따라 하기(1)[26]

비트코인으로 초콜릿 사보기.

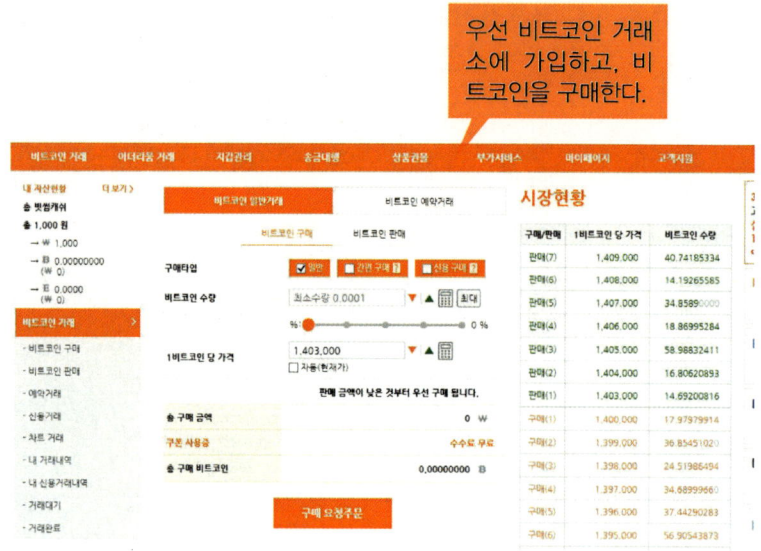

우선 비트코인 거래소에 가입하고, 비트코인을 구매한다.

---

[26] 빗썸 카페

결제가 끝나면 스마트폰으로 모바일 기프티쇼가 도착한다. 이제 해당 기프티쇼를 가지고 편의점으로 가서 초콜릿으로 바꾸면 된다.

#. 관련 사이트 도전기(1)

아래 주소의 비트코인 공식 사이트를 방문한다.

https://bitcoin.org/ko/choose-your-wallet

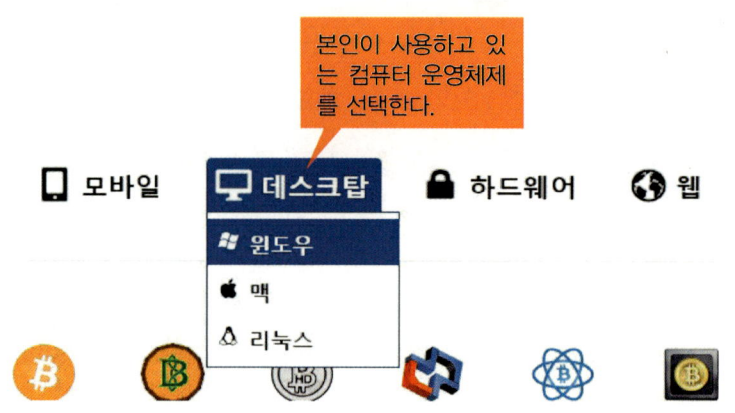

각 지갑들을 클릭하면, 상세한 정보(지갑을 선택할 때, 필수적으로 확인해야 할)가 나온다.

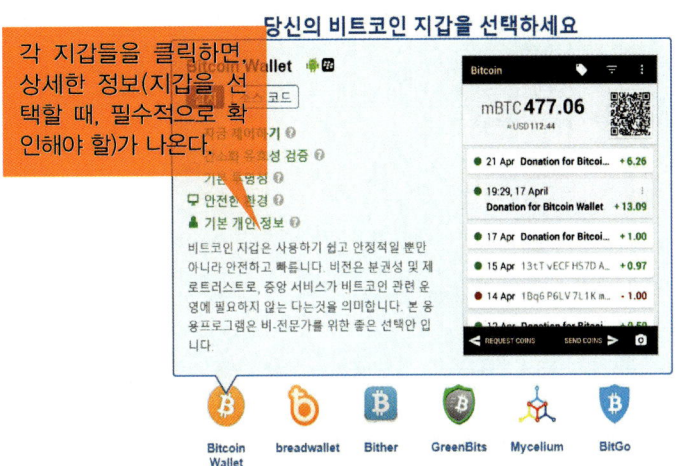

지갑을 선택하면,

Part 1 암호화폐 비트코인 비범한 경제

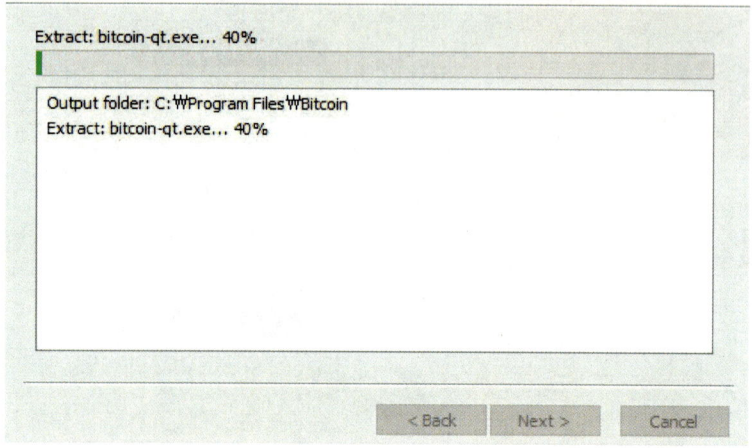

설치 화면이 나온다.

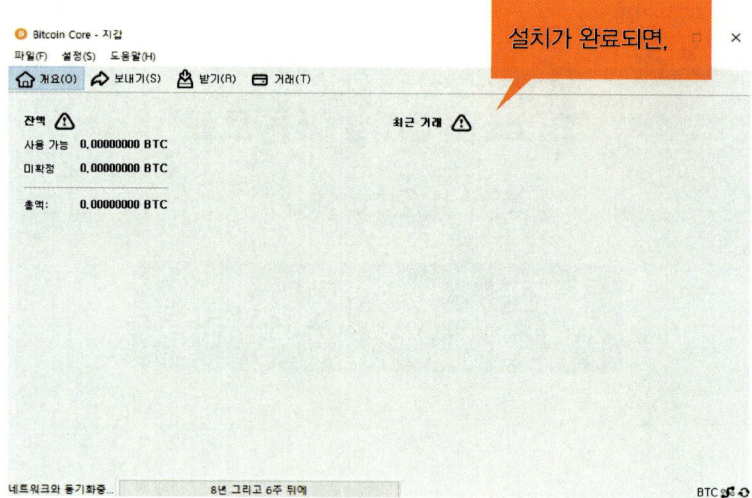

설치가 완료되면,

비트코인 지갑이 생성된다. 이제부터 비트코인 거래를 자유롭게 할 수 있다.

나의 비트코인 체험수기

전직 방송PD <오창근>

　그날 나는 커다란 집과 외제차 그리고 행복해하는 가족의 얼굴을 떠올렸다. '이거면 가능하겠는데?' 라는 생각과 함께 가슴속의 두근거림이 끊임없이 솟구치기 시작했다! 바로 비트코인이라는 암호화폐의 가능성을 이해했던 그 순간에 내안에서 일어난 일이었다.

　증권투자는 할 일없는 퇴직자들의 사행성 도박이라 생각했고 그 흔한 펀드하나 가입한 적 없던 나는 그렇게 꼬박 10여년을 방송피디로 묵묵히 살았었다. 그러던 중 박봉과 과도한 업무를 견디지 못해 창업의 길로 들어서게 됐고 조그만 광고회사를 운영하며 한 지인의 소개로 비트코인을 접했다. 그 순간부터 내 인생의 많은 것이 바뀌게 된다.
　먼저 비트코인을 알고 싶었다. 이용갑 선생님과 함께 공부하고서야 이것이 기회임을 알게 되었다. 아니, 확신하게 되었다!! 시대는 변하고 있다. 그 변화의 물결에 과감히 몸을 던지느냐 관망하느냐가 또

다시 큰 차이를 만들어낼 것이다.

　전 세계가 인터넷으로 연결된 것은 이미 옛말, 이제는 모든 재화나 정보, 가치들이 디지털화되어 네트웍으로 물려 돌아간다. 유일하게 남은 것은, 바로 돈이다. 화폐! 신용카드로 반쪽짜리 디지털이 되어 있지만 실제 우리의 지갑 속에는 그리고 숫자뿐이지만 통장 속에는 아날로그 돈이 들어있고 유통된다. 이 모든 것이 완벽하게 디지털화 되는 것! 그것이 바로 암호화폐의 가능성이다. 그 가치를 알아보고 투자한다면 새로운 차원의 부가 우리를 찾아올 거라고 생각한다.

　아직 늦지 않았다. 세상은 말하고 있다. 아직도 암호화폐가 거품이냐, 투자가능성이 있느냐 없느냐를. 그것이 바로 당신이 그 사다리를 오르기에 아직 늦지 않았다는 증거다!

Part 2

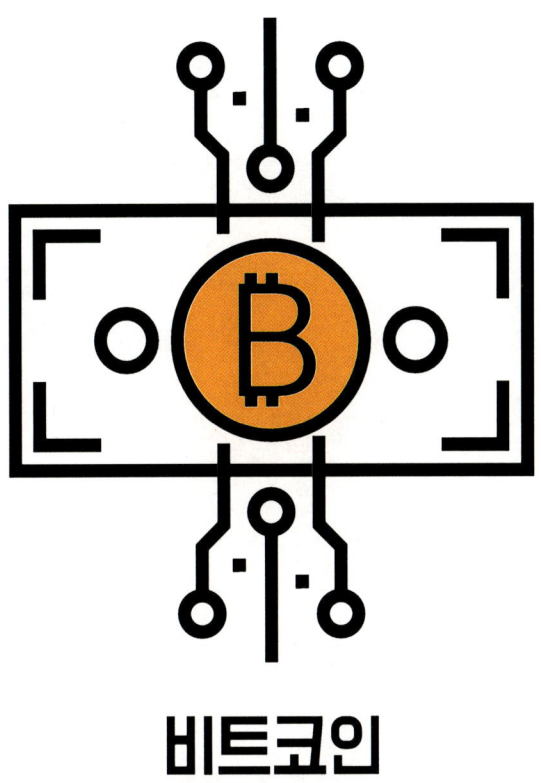

비트코인
본격해부

Part 2
비트코인 본격해부

　미국 법무부 형사국의 미틸리 라만은 미국 상원의회 국토안보정부위원회가 개최한 비트코인 청문회에서 "암호화폐 시스템이 합법적인 금융서비스를 제공하며 보다 효율적인 글로벌 커머스를 촉진할 잠재력을 갖고 있다는 사실을 깨달았다"고 진술했다.
　비트코인 지금 주머니속의 종이나 동전화폐와 다르다. 컴퓨터 속에 암호화로 존재하는 '돈'이란 점을 명심하고 아래를 유심히 읽어보자. 그럼 이제부터 비트코인을 본격적으로 다뤄보겠다.

비트코인이란?

　비트코인이란 무엇일까? 비트코인은 전 세계 누구와도 거래할 수 있는 디지털 가상화폐. 가상화폐는 그럼 무엇인가? 우선 가상화폐의 구조에 대해 잠시 살펴보자. 가상화폐(Virtual Currency)란 '특정한 가상사회에서 통용되는 디지털 민간 화폐'를 의미[1]한다. 이 가상화폐는 형태에 따라 세 가지 종류로 구분되는데 포인트 형, 사이버머니 형, 대안화폐 형이 그것이다.

첫째로, 포인트 형은 기업이 고객의 구매 실적에 따라 고객에게 지급하는 포인트가 대표적인데, 편의점에서는 곧 동전 거스름돈을 포인트로 지급할 예정이라고 한다. 두 번째 사이버머니 형은 게임이나 사이버 공간에서 아이템 구매 및 베팅에 사용되는 화폐를 말한다. 게임머니를 떠올리면 이해가 쉽다. 세 번째 대안화폐 형의 대표주자는 바로 비트코인이다. 대안화폐 형은 실제화폐와 같이 자유롭게 교환되며 온·오프라인에서도 지급결제 수단으로 사용된다. 미래가치 상승에 대한 기대감과 거래비용 절감 등 우세한 특징으로 최근 거래가격이 급등하고 있다.

그런데 가상화폐와 전자화폐가 비슷한 것 같다? 아주 미미한 개념의 차이이기 때문에 충분히 혼선이 생길 수 있다. 그럼 둘 사이에 어떤 차이가 있는지 한 번 짚어보자.

가상화폐는 법적 규제를 받고 있지 않는 반면, 전자화폐는 법규에 따라 정부의 엄격한 감시와 감독을 받는다[2]. 또한 가상화폐는 허가 없이 등록만으로 발행할 수 있지만 전자화폐는 정부의 허가를 득해야한다. 따라서 가상화폐는 화폐공급이 전자화폐에 비해 불안정적이

---

[1] 현대경제연구원, 국내 가상화폐의 유형별 현황 및 향후 전망, 2014.03.27.
[2] 김태오, 가상화폐의 이용현황과 시사점 : Bitcoin과 Linden Dollar를 중심으로, 금융결제원, 지급결제와 정보기술 제53호, 2013.7

고 자금 보호가 이뤄지지 않는다는 점에서 리스크가 따른다.

그럼에도 불구하고 현재 가장 주목받고 있는 가상화폐는 단연 비트코인이다. 비트코인은 제3자인 금융기관 등을 거치지 않고, 개인 대 개인(P2P) 방식으로 거래되기 때문에 발행을 담당하는 주체가 없다. 단지 사용자간 거래 기록을 클라우드에 저장하기 위해 고도의 수학 암호를 푸는 형식으로 구성됐다. 비트코인은 이러한 수학 암호를 기반으로 하고 있어서 컴퓨터로 복잡한 수식을 풀어내는 시스템이며, 자동으로 출제되는 수학 암호위에 무작위로 숫자를 넣어서 맞히는 과정을 반복해야 풀 수 있다[3]. 따라서 개인 PC를 이용해서 이러한 과정을 이끌어내기란 쉽지 않다. 상당한 시간과 컴퓨팅 파워가 필요하기 때문이다.

궁금증해결

비트코인 가격은 어떻게 형성 되나요?

비트코인은 채굴량이 한정되어 있습니다. 따라서 제한된 공급 내에서 수요의 영향을 많이 받습니다. 투자자가 얼마나 몰리느냐에 따라 하루에도 가격 변동이 심하게 나타날 수 있지요. 공급적인 측면에서는 난수(Difficulty), 마이닝 간격, 세그윗(Segwit) 등이 가격에 영향을 줍니다.

---

[3] KB금융지주 경영연구소, KB 지식 비타민 : 비트코인(Bitcoin)의 이해와 전망, 2013.11.21.

비트코인 지갑

비트코인은 어떻게 보관할까? 비트코인을 거래소에서 구매하고 나면, 비트코인 지갑(Wallet)이라는 앱을 통해 컴퓨터나 스마트폰에 비트코인을 저장[4]할 수 있다. 현재 비트코인 지갑을 만드는 방법은 매우 다양[5]하다. 지갑은 소프트웨어, 모바일, 웹 지갑 등 세 종류가 있으며 소프트웨어 지갑은 컴퓨터에, 모바일 지갑은 스마트폰에, 웹 지갑은 온라인 웹상에서 개설하면 된다.

하지만 지갑의 정보를 잃어버리면 비트코인을 잃어버리게 되므로 사용자가 지갑을 다룰 때는 각별한 주의가 필요하다[6]. 그러므로 보다 보관이 용이하고, 정보를 잃어버렸을 때 복구하기 쉬운 지갑을 선택하는 것이 현명하다. 이러한 지갑에는 비트코인 거래소 지갑과 블록체인 지갑이 있다.

그렇다면 거래소 지갑과 블록체인 지갑은 서로 호환이 가능할까? 사용자들이 각기 다른 종류의 비트코인 지갑을 사용하더라도 모든 지갑은 동일한 프로그램에 기반을 두고 있어서, 다른 플랫폼의 비트코인 지갑을 사용하고 있는 상대방과도 원활히 거래할 수 있다. 따라서 코빗 등 거래소에서 생성한 지갑에서 블록체인 지갑으로의 비트

---

[4] 신상화, 비트코인의 발전 현황과 정책적 시사점, 한국조세재정연구원, 재정포럼, 2015.05.

[5] 박유진·손현진, 비트코인을 중심으로 살펴본 암호화폐의 현황과 전망, kt경제경영연구소, 2013.09.27.

[6] Claire L., 거래소 지갑 VS 블록체인 지갑 : 어떤 비트코인 지갑을 사용해야 할까?, Bitstand, 2015.09.27.

코인 이체가 가능[7]하다. 블록체인 지갑에 로그인해서 공개키(public key) 즉, 받을 지갑의 주소를 확인한 다음, 코빗 거래소 지갑으로 로그인하여 송금할 비트코인 액수와 앞서 말한 블록체인의 공개키를 입력하고, 보안을 위해 SNS나 보안카드의 인증번호를 입력하면 끝이다. 간단하지 않은가! 입금된 비트코인은 블록체인 지갑에서 확인할 수 있다.

비트코인 지갑을 어떻게 하면 안전하게 사용할 수 있을까?

비트코인 주소가 자동으로 생성된 것이 비트코인 지갑이다. 여러 개의 주소를 관리할 수 있어서 용도에 따라 주소를 추가적으로 생성하면 된다[8]. 지갑에 든 비트코인을 안전하게 보호하려면 비트코인 주소와 한 쌍인 개인키를 안전하게 보관해야 한다. 안전한 보호 장치는 단연 암호라고 할 수 있는데, 비트코인 지갑에 반드시 암호를 설정해야 한다. 이때 암호는 절대 노출되어서는 안 되며 자신만이 아는 번호로 잘 기억해둬야 한다. 만약 지갑 데이터가 유출되더라도 안전한 암호를 사용한다면, 해커가 지갑을 열기 전에 본인이 안전한 곳으로 비트코인을 옮길 수 있으니 말이다.

그래도 불안하다면 비트코인 지갑의 데이터를 수시로 백업해 두어야 한다. 개인키를 잊어버리면 알아낼 수가 없으므로 비트코인을 사용할 방법이 없다는 것도 명심하자. 따라서 불의의 사고에 대비해

---

[7] 김자봉, 비트코인 거래 메커니즘의 분석과 시사점, 한국금융연구원, 2014.09
[8] 노상규, 비트코인 주소 거래 그리고 지갑, Organic Media Lab, 2014.02.20.

데이터를 출력하여 직접 보관하는 것도 방법 중에 하나다. 이렇게 꼼꼼히 데이터를 백업해 놓으면 지갑 서비스가 중지되거나 거래소가 망해도 비트코인을 찾을 수 있으니 안심할 수 있다.

궁금증해결
비트코인은 얼마나 발행되고 있나요?

> 비트코인은 2017년 11월 기준 아직 460만 비트코인의 추가 채굴이 가능합니다.

궁금증해결
비트코인도 발행이 종료되나요?

> 비트코인은 2009년부터 100년 동안 채굴이 가능합니다. 즉 2140년까지 총 2,100만 비트코인(BTC)만 발행됩니다. 4년 주기로 공급량이 절반으로 줄어든다는 특징이 있습니다.

궁금증해결
비트코인은 누가 발행하나요?

> 비트코인은 통화를 발행하고 관리하는 중앙은행이나 장치가 존재하지 않습니다. 따라서 각국 중앙은행이나 정부의 통제, 국경의 제한 없이 사용자들끼리 자유롭게 거래가 발행이 가능합니다.

비트코인 구매 및 사용처는?

비트코인은 일상생활에서도 여러모로 활용된다. 우선 비트코인의 급등락 특성을 이용하여 거래소에서 사고 팔 수 있으며 현금 대신 해외 송금 시에도 이용된다. 또한, 물건을 구매하거나 팔수도 있다.

비트코인 구매처는 바로 비트코인 거래소이다. 비트코인 거래는 외환시장과 마찬가지로 수요와 공급에 따라 변동 환율이 적용되는데, 거래소마다 각각 독립적인 환율을 적용[9]하고 있다. 국내에는 약 10여 곳의 비트코인 거래소가 운영되고 있는데 빗썸, 코인원, 코빗 등 다양한 거래소에서 비트코인을 구매할 수 있다.

비트코인을 샀다면 이제 사용해 볼 차례다. 전 세계 비트코인을 취급하는 매장의 위치를 알려주는 무료 사이트 '코인맵'[10]을 이용하면

---

[9] 전주용, 비트코인의 이해와 시사점, 정보통신정책연구원, 2013.10.31.

편리하게 찾을 수가 있다. 국내에는 아직 많지 않지만 비트코인을 사용할 수 있는 매장이 몇 군데 있다. 인천시청역에 있는 '파리바게뜨', 신촌에 있는 '거북이의 주방' 레스토랑과 경리단길의 와인바 '더젤', 강남에 있는 '네스카페', 판교에 있는 '나뚜르', 비수도권에는 대전 '바크만로스팅' 커피전문점 등이 있다.

이렇게 상품을 구매할 때도 비트코인이 사용되지만, 금융 포인트나 마일리지 등 타 전자화폐와도 교환이 가능하다. 갤럭시아컴즈의 머니트리라는 국내 앱과 웹사이트에서는 컬처캐시와 북앤라이프캐시 등 가상화폐를 머니트리캐시 충전 수단으로 추가해서 계좌이체, 휴대폰 결제, 비트코인 및 OK캐시백 등을 사용[11]할 수 있다. KB금융그룹의 리브 메이트앱에서는 '포인트리'를 비트코인으로 교환[12] 가능하다.

선진국에서는 이미 비트코인 사용이 보편화되어서 한층 더 확산되고 있는 추세이다. 일본은 2017년 4월 1일부터 비트코인을 합법적인 결제수단으로 공식인정, 2018년부터 비트코인 구입에 따르는 소비세를 면제하겠다고 발표했다. 잠시 일본을 들여다보면, 일본 전역에서 비트코인 사용이 가능한 상점은 총 4천2백 여 곳[13]이라고 한다. 뿐만 아니라 전기요금도 비트코인으로 결제[14]된다니 참으로 놀랍다.

---

[10] 나건웅, 비트코인 35개 등록 매장중 단 2곳만 결제, 매일경제, 2016.10.10.
[11] 디지털뉴스국, 갤럭시아컴즈 '머니트리' 리뉴얼 오픈 기념 이벤트 진행, 매일경제, 2017.02.14.
[12] 김대섭, KB국민카드 '포인트리-비트코인 전환' 서비스, 아시아경제, 2015.09.01.
[13] 鳥羽賢, 日本におけるビットコインの利用可能店舗が急増, iFOREX, 2017.01.09.
[14] 한상희, 日서 '비트코인'으로 전기요금 낸다, 에너지경제, 2016.09.26.

미국의 경우, 온라인 쇼핑몰 분야 3위인 Overstock과 세계 최대 PC 제조업체인 DELL, 최저 항공 및 숙박 예매 사이트 Expedia 등에서 비트코인을 사용할 수 있다. 비트코인 전문 소매점 나카모토가 오픈된 샌프란시스코는 전 세계에서 비트코인을 사용하기 가장 편한 도시로 선정[15]되었다.

이외에도 세계 각지에서 비트코인이 활발하게 사용되고 있다. 스위스에서는 수도요금[16]을 내기도 하고, 호주에서는 비트코인 직불카드를 발급[17]받을 수 있다고 하는데, 호주의 이 코인자 스와이프라는 직불카드는 호주 전역의 82만개 상점에서 사용할 수 있으며, 은행 ATM기기에서도 인출이 가능하다. 이렇게 편리한 비트코인 시장이 국내에서도 활성화되는 것은 시간문제인 듯하다.

궁금증해결
어디서 비트코인을 얻나요?

> 블록체인 네트워크 안에서 채굴을 통해 비트코인을 얻을 수 있습니다. 채굴을 통해 얻거나 거래소에서 직접 현금으로 구매하여 비트코인을 얻을 수도 있습니다.

---

[15] 우예진, 비트 코인 사용하기 편한 도시 1위 샌프란시스코, 중앙일보, 2016.04.05.
[16] 안하늘, 수도요금·교통비 비트코인으로 결제한다, 아시아경제, 2016.05.09.
[17] 이승현, 호주 거래소 비트코인 직불카드 선보여, 비트허브, 2015.02.26.

궁금증해결
이체나 송금도 할 수 있나요?

비트코인으로 송금도 가능합니다. 자신의 컴퓨터에서 개인키와 공개키를 생성하여 공개키를 전달합니다. 공개키를 전달받은 상대방은 수표를 작성하여 비트코인 사용자 네트워크를 통해 모든 참여자에게 수표를 보냅니다. 개인키를 받은 사람만이 수표를 사용하게 됩니다.

궁금증해결
어디서 보관 되나요?

비트코인은 블록이 형성되면 컴퓨터에 저장됩니다. 블록체인을 통해 생성된 비트코인을 사용자는 지갑에 여러 주소를 보관합니다. 한 주소에 여러 비트코인을 보관하기도 합니다.

비트코인 채굴이란?

채굴이라고 해서 땅을 파는 것으로 생각해서는 안 된다. 보이지 않는, 프로그램 되어있는 곳에 비트코인이 묻혀 있다. 산은 암호화된 수학의 산이라고 생각하면 된다. 그 수학으로 이루어진 암호화된 산 속에 '비트코인'이 숨어있다. 그래서 캐내는 것이다. 컴퓨터를 돌려서 암호를 풀고, 비트코인을 얻는 것이다. 그것을 지갑에 보관하고 쓸 수도 있는 것이다.

비트코인은 마이닝(mining)이라고 불리는 방식을 통해 시스템 내에서 생성 및 보급된다. 마이닝이란 무엇일까? 마이닝은 비트코인 시스템을 구성하는 컴퓨터에 해시(hash)라는 특정한 조건을 만족시키는 패턴을 찾아내는 작업[18]을 말한다. 이 마이닝을 우리말로는 채굴이라고 표현한다.

비트코인 시스템에서 채굴은 매우 다양한 역할을 하고 있다. 채굴에 참여하고자 하는 사용자는 먼저 컴퓨터에 채굴 프로그램을 설치하고 이 프로그램을 실행하게 되면, 컴퓨터는 기존에 존재하는 거래와 최근에 생성된 거래 정보를 하나의 입력 변수로 저장한다. 그리고 임의의 정수(Random Nonce)를 다른 입력 변수로 두고, 해시 함수 결과 값을 도출하는 작업을 수행하게 된다[19].

이제부터는 해시 함수를 통한 채굴과정을 자세히 살펴보자.

한 사용자가 미리 정해져 있는 규칙에 부합하는 결과 값을 얻게 되면 어떻게 될까? 이 결과 값은 곧바로 분산화 된 네트워크에 공표된다. 그런 다음 최근 생성된 거래들의 집합체인 블록이 블록체인에 연결된다. 이때 거래의 승인이 이루어지면서 보상의 개념으로 비트코인이 주어지고 승인과정까지 약 10분 정도 소요된다. 즉, 10분당 1개

---

[18] 전주용, 비트코인의 이해와 시사점, 정보통신정책연구원, 2013.10.31.
[19] 신상화, 비트코인의 발전 현황과 정책적 시사점, 한국조세재정연구원, 재정포럼, 2015.05

의 블록이 블록체인에 등록된다고 볼 수 있다.

만약에 한 사용자가 다수의 판매자에게 동일한 비트코인을 지불하면 어떻게 될까? 그중 단 한 개의 거래만이 블록체인에 결합되고 나머지 거래는 버려지게 된다. 즉, 거래가 발생한 뒤 블록체인에 그 거래가 등록이 되어야만 정상적인 거래라고 할 수 있는 것이다. 보통 한 거래가 블록체인에 등록될 때 대략 5개의 추가적인 블록들이 연결을 기다린다. 이러한 작동원리는 비트코인 시스템의 안정성을 유지할 수 있도록 돕는다.

비트코인 채굴은 거래에 따른 수수료가 매우 낮다는 장점이 있다. 거래를 인증하고 블록체인에 등록하는데 드는 비용은 컴퓨터 자원과 전력 소모뿐이다. 이 비용을 상쇄하기 위해 일정 수준의 수수료를 지불하게 되는데 여기에 대해 살펴보겠다.

채굴과정에 참여하는 사용자들에 대한 보상으로 구매자는 수수료를 결정하여 거래에 반영시킨다. 이 수수료가 낮은 이유는 채굴과정에서 화폐공급이 이루어지기 때문인데, 새롭게 생성되는 비트코인 자체가 보상이기 때문에 수수료가 없더라도 거래가 충분히 유지된다. 다만 수수료가 높으면 우선적으로 처리된다. 현재는 자율 수수료제가 시행되고 있어 최저 수수료인 0.0001 BTC만 부담하면 송금이나 지불, 결제가 가능[20]하지만 비트코인 공급이 완전히 없어지는 미래 시점에는 이러한 채굴 수수료가 상대적으로 상승하게 될 것이다.

---

[20] KB금융지주 경영연구소, KB 지식 비타민 : 비트코인(Bitcoin)의 이해와 전망, 2013.11.21.

궁금증해결
채굴이란 게 무엇인가요?

채굴이란 블록체인 네트워크에 알려진 새로운 비트코인 거래를 기록하고 공시고하 하는 과정을 말합니다. 이 채굴은 컴퓨터 프로그램으로 수학연산문제를 푸는 것이라고 이해하면 쉽습니다.

궁금증해결
어떻게 비트코인을 얻나요?

컴퓨터 프로그램으로 수학연산문제를 풀어 비트코인 채굴에 성공하거나 비트코인 거래소에서 직접 현금으로 구입할 수 있습니다. 비트코인을 채굴하면 블록체인 네트워크 참가자들이 자발적으로 작업증명을 통해 새로운 거래를 검증하는데 이때 가장 빨리 작업을 마친 참가자는 인센티브로 비트코인을 얻을 수 있습니다.

비트코인의 채산성

이제 비트코인의 채산성에 대해 알아보자. 우선 '채산성'이란 무엇일까?

채산성이란 경영상에 있어 수지, 손익을 따져 이익이 나는 정도[21]를 말한다. 그래서 '채산성이 좋다'라고 하면 어떤 분야에서 이익이 만족할 수준으로 난다는 의미이기도 하다.

채산성을 높이려면 어떻게 해야 할까?

비트코인을 채굴하는 방식 자체가 컴퓨팅 파워에 의해 결정되기 때문에, 컴퓨터가 좋을수록 더 많은 비트코인을 채굴해 낼 수 있다. 그러면 어떤 컴퓨터가 좋은 컴퓨터일까? 비트코인을 채굴할 때 병렬 컴퓨터가 가장 유리하다[22]고 한다. 따라서 ATI그래픽카드 등 컴퓨터의 반복 연산을 빠르게 처리할 수 있는 병렬식 컴퓨터가 필요하다. 이 말이 참이면, 우리는 슈퍼컴퓨터를 구매해야 할지도 모른다.

그러면 병렬 컴퓨팅에 대해 알아보겠다. 병렬 컴퓨팅은 수학 문제를 나눠서 푸는 것과 같은 원리이다. 100개의 수학 문제를 1명이 풀 때보다는 100명이 풀 때 더 채산성이 높을 것이다. 병렬컴퓨팅은 일반 PC에서는 CPU보다는 그래픽카드가 더 유리하다고 한다. 하지만 이러한 채굴장비 비용과 전기세 때문에 비트코인 채굴이 개인 컴퓨터보다는 기업화로 많이 넘어가고 있는 추세이다.

---

[21] 네이버 지식백과
[22] 최호섭, 비트코인 채굴 해답은 '병렬컴퓨팅', 블로터앤미디어, 2013.12.03.

다른 방법은 없을까? 물론 있다. 2013년 미국에서 케이앤씨마이너 社가 넵튠(Neptune)이라는 비트코인 채굴기를 판매했다. 넵튠[23]은 20나노비터 용량의 주문형 반도체(ASIC)를 연결해 전력 소모를 최소화하면서 강력한 처리 능력을 가지고 있다. 최근에도 비트코인 채굴의 채산성을 높이기 위한 전용 채굴기가 속속 나오고 있는데, P사의 채굴기는 3,000달러라고 한다.

또한, 현재 비트메인 테크놀로지 회사(Bitmain Technologies Ltd)

비트메인 회사의 개미채굴기 S9 (Antminer S9) 비트코인 채굴기
출처: https://www.amazon.com/Antminer-S9-0-10W-Bitcoin-Miner/dp/B01GFEOV00

---

[23] 김익현, "현대판 청바지"…비트코인 채굴기로 하루 85억 '대박', 아이뉴스24, 2013.12.03.

는 2013년부터 자체 개발한 ASIC 칩을 장착한 비트코인 채굴기를 판매 중이기 때문에, 채굴기 제조업체의 선두주자라고 할 수 있다. 지속적으로 높은 성능의 ASIC칩과 비트코인 채굴 장비를 출시하고 있으며, 그 외에도 블록체인의 응용프로그램에 대한 신뢰성이 높은 마이닝풀인 개미풀(ANT POOL), 해시네스트 클라우드 마이닝 서비스 및 맞춤형 솔루션을 진행하고 있다.

비트메인은 개미 채굴기(Antminer), 개미풀(Antpool), 해시네스트(HashNest) 각각의 분야에서 1위를 기록하고 있다.

여기서 비트코인 채산성에 대한 원리를 간단히 살펴보자. 비트코인의 채산성과 교환가격과의 상관관계는 해시 레이트와 전기비용, 난이도, 블럭 리워드 값, 비트코인 교환가격 등이 변수로 작용하는데, 이러한 변수들에 의해 비트코인 채굴이 적자가 나면 채굴자가 줄어들 것이다. 그러면 해시가 낮아지게 되어 다시 채굴의 채산성이 높아[24]진다. 그렇게 되면 또다시 채굴자가 몰려드는 현상이 반복된다. 다시 말해, 비트코인의 교환 가격은 채굴의 채산성을 기준으로 적자와 수익이 등락을 거듭하는 원리인 것이다. 따라서 비트코인의 교환가격이 대폭 하락할 때에는 채산성도 덩달아 떨어지는 리스크를 감수해야 한다.

---

[24] 조흥훈, 비트코인 채굴 수익성과 교환가격과의 상관관계, 비트허브, 2016.06.30.

궁금증해결
어떻게 비트코인을 얻나요?

컴퓨터 프로그램으로 수학 연산 문제를 풀어 비트코인 채굴에 성공하거나 비트코인 거래소에서 직접 현금으로 구입할 수 있습니다. 비트코인을 채굴하면 블록체인 네트워크 참가자들이 자발적으로 작업증명을 통해 새로운 거래를 검증하는데 이때 가장 빨리 작업을 마친 참가자는 인센티브로 비트코인을 얻을 수 있습니다.

궁금증해결
채굴기계를 사용하면 전기가 많이 드나요?

현재 채택하고 있는 POW 방식은 채굴할 때 컴퓨터를 지속적으로 작동시켜야 합니다. 따라서 채굴에 많은 비용과 유지비가 듭니다. 채굴기의 가격과 전기값이 가장 큰 비용 및 유지비로 들어갑니다.

비트코인 발행량과 채굴 종료 시기

비트코인의 전체 매장량은 2,100만 BTC으로 프로그램 되어 있다고 1장에서 언급한 바 있다. 이 매장량은 2140년까지 모두 채굴되도록 프로그램 되어 있어서 비트코인 매장량의 50%가 채굴될 때까지는 50 BTC이 주어지며, 그 이후에는 잔존량의 50%가 채굴될 때마다 보상이 50%씩 감소하는 구조[25]이다. 이 50%라는 기준은 이미 2013년에 달성되었다.

그렇다면 비트코인은 왜 발행량과 채굴종료시기를 제한하는 걸까?

비트코인은 전체 발행량이 제한돼 있고 그런만큼 갈수록 발행량이 줄어드는데, 그렇게 되면 비트코인의 가치가 오르게 된다. 이러한 비트코인의 발행량 제한 때문에 비트코인에 대한 인식이 확산될수록 초기에 비트코인을 보유한 사용자가 더욱 큰 가치를 갖게 되며, 가격이 오를수록 후속 사용자들이 더욱 몰리는 현상이 발생[26]하게 된다. 이러한 비트코인의 가치상승은 디플레이션을 의미[27]한다.

비트코인의 채굴량 또는 공급량이 지속적임에도 디플레이션이 발생한다는 것은, 비트코인이 화폐로써 유통되고 있지 않다는 뜻이기도 하다. 즉, 누군가의 지갑 속에 고이 잠자고 있다는 것[28]이다. 아직은 비트코인의 활용도가 낮아서인지 아니면 투기 때문인지는 정확히 알 수 없으나 분명한 것은 비트코인의 발행이 언젠가는 멈추게 될 것이고, 가치는 계속 상승할 것이라는 점이다.

비트코인의 디플레이션 특징은 정부의 규제를 불러일으키기도 한다. 비트코인이 디플레이션을 유발하여 실물경제에 악영향을 줄 수 있다는 것이 그 논리이다. 비트코인에 대한 수요가 증가하고 사용처

---

[25] 김자봉, 비트코인 거래 메커니즘의 분석과 시사점, 한국금융연구원, 2014.09.19.
[26] 전주용, 비트코인의 이해와 시사점, 정보통신정책연구원, 2013.10.31.
[27] 정필모, 달러의 역설: 슈퍼 달러를 유지하는 세계 최대 적자국의 비밀, 21세기북스, 2015.03.23.
[28] 나무위키

가 확대되면, 기존에 비트코인을 확보하고 있던 사용자는 비트코인의 사용을 줄이려고 할 것이다. 이러한 사용량의 감소는 경기불황으로 이어지고 실물경제의 위축을 가져오게 된다. 이로 인해 비트코인에 반대하는 사람들과 정부는 규제가 필요하다고 주장[29]할 것이다. 호주에서는 이미 비트코인을 구매할 경우 부가가치세를 내야하며[30], 중국은 비트코인을 통한 외화반출이 늘어나자 인민은행이 비트코인 거래를 직접 규제하고 나섰다. 영국과 캐나다도 비트코인을 제도권에 편입하기 위해 고민하고 있으며 국내도 비슷한 시도가 이어지고 있다[31]. 따라서 장기적으로는 관련 제도의 보완을 통해 규제들이 하나둘씩 체계를 갖춰나가게 될 것이다.

궁금증해결

비트코인 전송방법과 시스템이 왜 중요한가요?

기존의 화폐거래시스템은 중앙은행이라는 제3자가 신뢰를 기반으로 개인의 거래를 통제합니다. 중앙 서버가 거래의 공증과 관리를 맡기 때문에 사이버 공격에 대한 위협이 항상 존재하지요. 하지만 비트코인은 거래 내역이 모든 네트워크 참여자에게 공개되기 때문에 투명성이 보장되고 해킹에 대한 위험성과 유지보수 비용이 감소합니다. 따라서 전송방법과 시스템이 중요합니다.

---

[29] 김태오, 가상화폐의 이용현황과 시사점 Bitcoin과 Linden Dollar를 중심으로, 금융결제원, 2013.07
[30] 조흥훈, 日 비트코인 소비세 폐지 계기로 '현금'으로 평가..이용자 증가에 탄력 받을 듯, 비트허브, 2016.10.12.
[31] 최진홍, 비트코인에서 튄 의외의 불꽃 블록체인, 이코노믹리뷰, 2017.02.09.

마이닝 기계 종류 및 사용법

비트코인 채굴은 처음에는 CPU로 채굴을 하였지만 속도를 높이기 위해 GPU를 사용하기 시작했다. 일반적으로 CPU 채굴보다는 GPU 채굴이 생산성이 높기 때문이다. 컴퓨터의 중앙처리장치(CPU)보다는 그래픽처리장치(GPU)가 부동소수점 연산에 강하다.

비트코인 채굴용 GPU에는 대표적으로 엔비디아 제품이 있다. GeForce® GTX 780 Ti 제품은 주로 게임용으로 많이 사용되는데 비트코인 채굴에서는 소프트웨어 실행속도가 0.27기가해시 정도로 매우 빠르다. 해시속도는 비트코인 네트워크 처리능력을 측정하는 단위를 말한다. GPU 중에서는 AMD 제품이 엔비디아 제품보다 생산성이 조금 더 높다. AMD 그래픽카드는 라데온 R9 290이 대표적으로 0.66기가해시의 속도를 보였다.

최근에는 GPU보다 ASIC 방식으로 채굴을 많이 한다. 주문형 반도체(ASIC)는 비트코인 채굴 전용으로 설계한 논리회로를 장착하고 있다. ASIC는 효율이 매우 뛰어나며 GPU보다 전력소모가 적고 1,000배 정도 채굴 속도가 빠르다. ASIC는 아발론, 비트마인, 버터플라이 랩스 등의 제품이 있다. 아발론의 클론 배치 #1 제품은 채굴속도가 약 85기가해시 정도다. 이는 GPU 2개를 합친 것보다 65배 이상 빠른 수치다.

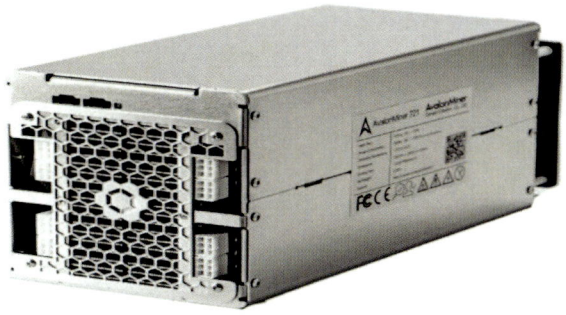

출처: https://asicminermarket.com/product/bitcoin-miner-avalon-721-6th-asic-miner-6000gh/

암호화폐 채굴은 모바일 기기와 PC를 통해 실시간으로 채굴현황을 확인할 수 있다. 채굴 소프트웨어와 모바일앱은 채굴된 양과 생산량을 모니터링 하여 그래프로 보여준다.

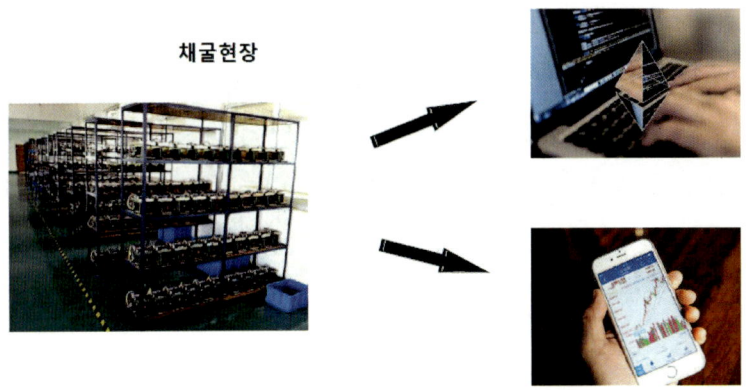

출처: http://www.samethink.com/doc_files/%EC%9D%B4%EB%8D%94%EB%A6%AC%EC%9B%801[1].pdf

Part 2 비트코인 본격해부   083

암호화폐 사용자가 코인을 송금하면 거래 내역이 네트워크를 통해 주변 노드로 전달된다. 각 노드는 거래 내역을 검증한 후 정보를 한 곳으로 모은다. 이 정보들을 하나의 블록으로 만들고 암호화 함수를 계산한다. 암호화 함수가 계산되면 블록이 생성되고 생성결과가 주변 노드에 전달된다. 이때 블록마다 현상금과 각 거래별 수수료가 생성된 블록의 채굴 노드에 주어진다. 마지막으로 블록이 올바로 생성되었는지 검토한 후 승인이 되면 채굴이 완료된다.

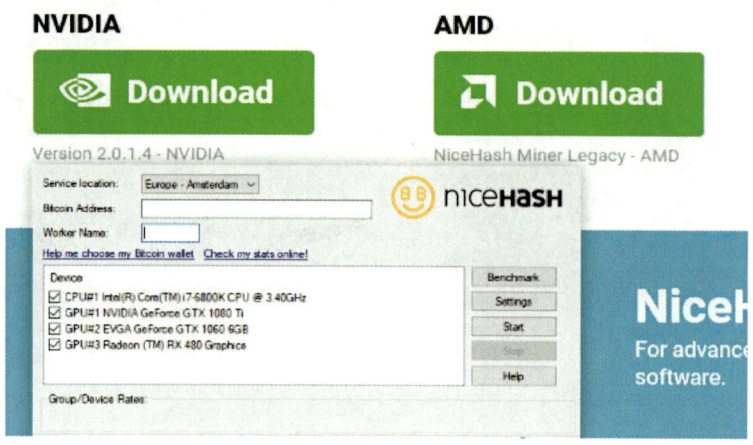

출처: https://miner.nicehash.com/

궁금증해결
비트코인 주소라는 게 무엇인가요?

은행 계좌로 보면 가상계좌 주소와 같습니다. 비트코인 애플리케이션을 다운받아 회원가입을 한 뒤 본인의 은행계좌를 등록하면 34자릿수의 비트코인 주소가 부여됩니다. 이를 비트코인 지갑이라고도 합니다.

비트코인 전송 프로세스

이제 비트코인의 전송 프로세스[32]를 익혀보자.

비트코인은 P2P(Peer-to-Peer) 기반의 블록체인 분산원장을 토대로 하고 있는데 여기서 말하는 분산원장기술이란, 모든 참여자가 거래내역이 기록된 원장 전체를 각각 보관한다는 의미이다. 또 새로운 거래를 반영하여 갱신하는 작업도 공동으로 수행[33]한다. 블록체인에 대해서는 다음 장에서 자세히 다룰 것임으로, 블록체인의 핵심원리만 간단히 짚어보자.

블록체인은 특정 시간 동안 발생한 모든 거래의 정보가 기록된 '블록(Block)'을 생성한다. 이 블록을 모든 구성원에게 전송하고 전송된

---

[32] 김진완, 블록체인의 발전 전망과 금융기관의 대응 현황, BNK금융경영연구소, 2016.10.

[33] 박성준, 블록체인패러다임과 정보보호, 동국대학교 국제정보보호대학원 블록체인연구센터, 2016.10.18.

블록의 유효성이 확인되면, 기존의 블록체인에 연결이 된다. 블록체인은 타임스탬프 서버라는 개념을 이용해서 비트코인을 통해 블록의 작업증명을 전송한다. 이 타임스탬프 서버(Timestamp Server)란 우체국에서 편지나 소포 등에 스탬프를 찍듯이 모든 거래를 모아 순차적으로 나열한 후 확정된 거래에만 스탬프를 찍는 것을 뜻한다.

타임스탬프 서버는 네트워크 이론에 나오는 노드(nod)와 같은 개념이며, 전체 네트워크 참여자 중에서 타임스탬프 역할을 원하는 노드는 누구나 참여할 수 있다. 컴퓨터상에서 찍히는 타임스탬프는 해시 값을 만드는데 쓰이며, 최초의 블록을 제외한 모든 블록에는 직전의 해시 값과 블록 내용을 모두 투입하여 해시 값을 산출하는 원리이다. 즉, 네트워크 참여자들 가운데 일부가 타임스탬프 서버(노드)로 활동하고, 이들 중 가장 먼저 추가 입력(nonce)값을 찾는 노드가 해시 값을 만들게 되는 것이다.

전송은 이때부터 시작된다. 스탬프가 찍힌 블록은 전체 네트워크 참여자들에게 전달되고, 각 참여자들은 전송 받은 블록에 포함된 정보를 검증하게 된다. 이때 전체 네트워크의 50% 이상이 블록을 승인할 경우, 이전 블록과 체인으로 연결되는데 이 작업이 바로 전송이다. 이러한 전송은 특정 기관의 중앙 서버가 아닌 P2P 네트워크에 분산시켜 참여자들이 공동으로 기록하고 관리하게 되기 때문에 일부 참여자의 시스템에 오류가 발생하더라도 전체 네트워크에 미치는 영향은 미미하다. 이 때문에 시스템 안정성 역시 높게 평가[34]되고 있다.

블록체인 기반의 비트코인 전송 프로세스를 정리 및 요약하면 이렇다. A가 B에게 송금을 요청한다. 그러면 해당 거래 정보가 담긴 하나의 '블록'이 생성되고, 네트워크상의 모든 참여자에게 이 '블록'이 전송된다. 그 다음 각 참여자가 해당 '블록'을 승인하게 되면 각 참여자의 기존 '블록체인' 기록에 추가로 정보가 결합되고, 최종적으로 실제 송금이 완료된다. 참으로 간단하지 않나? 전송 프로세스를 직접 경험해 보면 비트코인의 매력에 빠지게 된다.[34]

궁금증해결
트랜잭션이란 건 또 무엇인가요?

전문용어가 나와서 복잡하실 겁니다. 하지만 비트코인 자체가 암호화되어 있고 기존 화폐와 달리 프로그래밍 상에서 거래되는 만큼 컴퓨터 용어가 많이 사용됩니다. 트랜잭션이란 금융/데이터베이스에 사용되는 용어로 데이터베이스 내에서 한꺼번에 수행되어야할 일련의 연산들입니다. 블록체인에 참여하여 거래하는 모든 노드는 개별 거래에 대한 트랜잭션을 확인합니다. 이 트랜잭션이란 10분 동안 수집하는 블록체인 노드의 모든 거래 내역을 말합니다.

---

[34] 이광용·김광석, 블록체인이 가져올 경영 패러다임의 변화 금융을 넘어 전 산업으로, 삼정KPMG 경제연구원, ISSUE MONITOR, 제60호, 2016.09

비트코인을 소유하는 3가지 방법

가장 쉽게 설명된 비트코인 사용방법 개념도 비트코인만 가지고 있다면 특별히 어려울 게 없다.

비트코인을 소유하려면 어떻게 해야 할까?

일반인이 비트코인을 소유하려면 비트코인을 사고파는 거래소에서 구매하는 방법이 가장 쉽다. 거래소를 통한 비트코인 소유 방법은 총 2가지이다. 그중 첫 번째는 거래소에서 비트코인을 환전하는 방법인데, 국내에는 10여 곳의 거래소가 존재하고 있어서 주식과 같이 사고 팔 수 있다. 다만 각 거래소마다 다른 환율을 적용하기 때문에 어느 거래소를 선택할지는 개인의 판단에 맡기겠다.

비트코인 거래소에서 구매할 경우, 거래소에서 공시하는 많은 정보를 적극 활용하자. 거래소는 기본적으로 전 세계 시세와 비트코인 거래 체결시각, 거래량, 체결가 등을 실시간으로 제공하고 있다. 또한 현재 시세와 수량, 매수호가 등도 나와 있어서 적당한 시기에 원하는 가격으로 비트코인을 구매[35]할 수 있다.

환전을 통한 비트코인 획득 방법을 살펴보자. 요즘은 지하철역과 편의점에 비트코인 거래가 가능한 ATM기기가 있어서 거래소를 거치지 않고도 비트코인 구매가 가능하다. 우선 스마트폰으로 '비트코인 지갑' 앱을 다운로드 하고, 이 앱에서 원화로 비트코인을 구매한 후 ATM기기로 송금할 수 있다. 개인정보 인증 후 회원 가입이 끝나면 QR코드가 발급되면서, 계좌잔고가 뜨는 동시에 현금을 입금할 수 있는 국내 가상은행 계좌가 생성된다. 이 계좌로 현금을 모바일 송금하면 비트코인 구매가 완료[36]된다. 너무 편리하게 개인계좌도 공인인증서가 필요 없이 비트코인을 획득할 수 있다.

둘째는 물품을 판매한 뒤 비트코인을 획득하는 방법이다. 간단하게 예를 들면, 만약 아마존에서 물품을 판매할 때 비트코인으로 대금

---

[35] 코빗 홈페이지
[36] 이창균, 비트코인 매입 → ATM 원화 송금...계좌 없이 초고속 거래, 중앙일보, 2016.01.20.

을 결제하도록 지불방식을 선택할 수 있다면, 개인적으로 소장한 물품의 가치만큼 비트코인의 환율에 맞게 교환하는 원리이다.

마지막으로 비트코인을 소유하는 방법은 채굴이다. 비트코인을 캐기 위해 마이닝 그룹에 참여[37]하거나 개인적으로 채굴을 시도해야 한다. 개인적으로 직접 채굴을 하려면 PC에 채굴 소프트웨어를 설치하여 채굴하면 되고, 마이닝 풀에 가입하려면 마이닝 풀 전용 소프트웨어의 설치가 필수적이다. 이 마이닝 풀에서는 수시로 전체 점유율을 확인할 수 있다. 또한 수수료에 대해 설명이 자세하게 되어 있으니 반드시 확인해보기 바란다.

블록체인의 분산원장 기술은 모든 거래기록을 공개하기 때문에 투명성을 갖고 있으며, 거래 추적이 용이하도록 설계되어 있다. 따라서 개인이나 마이닝 그룹에 속해 있든 사람 모두가 본인이 비트코인을 획득한 컴퓨터에서 그 대가로 생성된 비트코인의 모든 거래기록을 관리해야 할 의무[38]를 갖게 된다.

비트코인을 소유하는 세 가지 방법을 알아보았으니, 이제부터 직접 비트코인을 확보해서 관리해 보는 건 어떨까?

---

[37] 한국방송통신전파진흥원, 디지털 화폐 비트코인 기술과 시장 동향, 2014.02.04.
[38] 전주용, 비트코인의 이해와 시사점, 정보통신정책연구원, 2013.10.31.

비트코인 수수료, 이거밖에 안 든다!

은행업무나 송금, 환전 등의 모든 금융 업무에는 '수수료'라는 것이 들기 마련이다. 그럼 비트코인은 수수료가 얼마나 들기에 이처럼 환영을 받는 걸까?

비트코인의 거래비용[39]에 대해 알아보자. 다들 비트코인의 거래수수료가 낮다는 사실은 알고 있을 것이다. 비트코인의 개별 사용자 간 수수료 비용은 매우 낮지만 채굴 과정에서 발생하는 전기 사용료나 컴퓨터 연산 등 장비비용을 감안하면, 사회적인 거래비용이 높다고 할 수 있다. 비트코인의 거래비용에 대해 자세히 살펴보자.

우선 비트코인을 다루기 위해서는 컴퓨터를 이용한 인터넷 접속이 필수적이다. 따라서 컴퓨터 활용능력이 부족하거나 인터넷 접속이 어렵다면, 비트코인 사용자체가 불가능하다. 아래에서는 우선 비트코인을 다루기 위한 여건이 갖추어졌다고 가정하고, 거래비용을 계산해 보겠다.

비트코인 거래소에서 비트코인과 화폐 간 거래가 발생하면, 매매할 때 약 1%의 수수료[40]가 부가된다. 그러면 이제 비트코인 간 거래비용을 살펴보자.

비트코인 간 거래는 비트코인 단위로 표현되는 거래가치보다는

---

[39] 이동규, 비트코인의 현황 및 시사점, 한국은행, 2013
[40] 전자신문, 전세계는 '비트코인 러시', 2013.12.09.

킬로바이트(KB) 단위의 거래크기를 근거로 계산이 되는데, 이 수수료가 높을수록 우선적으로 처리된다고 한다. 최소 거래 수수료는 0.0001 BTC 또는 1 KB당 1m BTC의 10분의 1이며, 거래 대부분의 크기는 1KB 미만이다. 여러 개의 입력 값과 출력 값을 포함할수록 데이터의 크기가 커지는 원리이다. 비트코인 간 거래에 수수료를 추가하려면, 입력 값의 총합에서 출력 값의 총합을 제외하고 남은 금액을 계산해보면 쉽다. 예를 들어서, 커피 값이 0.015 BTC이고 수수료가 0.001 BTC라면, 입력 값은 0.016 BTC이고 출력 값은 0.015 BTC이다[41]. 간단하지 않은가! 여기까지가 거래 수수료 비용에 관한 내용이다.

이제 사회적 비용을 알아보자. 비트코인이 가져다주는 혜택은 참으로 다양하다. 결제 위험을 줄여주고 결제 시간까지 절약해준다. 거래 상대에게도 위험도를 낮춰준다. 또한 코인 보관 위험과 자본비용을 50~60% 절감해주며, 시장 위험성을 35% 정도 낮춰준다. 비트코인의 블록체인 기술을 이용하면 값 비싼 결제대금을 지불하지 않아도 되기 때문에, 그동안 수수료가 제품 값보다 비쌌던 수많은 저가 제품도 온라인 판매를 할 수 있는 기회를 제공한다. 음악 산업이나 뉴스 기사 분야에도 많은 기회가 열릴 것이며 중간 유통단계를 거치지 않고 생산자와 직접 거래할 수 있게 됨으로서 쉽고 간단하게 거래할 수 있게 된다[42]. 따라서 비트코인 채굴에 소모되는 시간과 장비 유지,

---

[41] 이동산, 비트코인과 블록체인, 2016.05
[42] 피델리티 자산운용, 21세기 투자테마 블록체인의 밝은 전망, 2016.07

전기세 등과 같은 비용을 상쇄하고도 남는 사회적인 혜택도 부수적으로 얻을 수 있을 것이다.

물론 비트코인 거래비용에 대한 논란은 지금도 계속되고 있다. 비트코인이 사용자 집단 간 교환 매체로 더 큰 역할을 하기 위해서 거래 용량 확대가 필요할지, 제한적인 사용으로 인해 안정적이고 희소가치가 높은 저장수단으로 남게 될지는 시간이 지나봐야 알겠지만, 그럼에도 불구하고 비트코인이 사회전반으로 확대된다면 우리가 현재 지불하고 있는 수많은 금융 거래상의 불필요한 비용을 획기적으로 줄여주지 않을까? 비트코인의 거래량 확대를 기다려 보는 것도 우리에게는 즐거움이 될 것이다.

궁금증해결

비트코인이 기존 화폐시스템과 다른 것은 무엇인가요?

비트코인은 P2P(개인 대 개인) 기반의 분산 데이터베이스로 거래가 이루어집니다. 비트코인의 거래는 공개키 암호 방식으로 진행되는데 이 거래를 기록하고 관리 및 저장하는 공간이 블록체인입니다. 이 블록체인을 기반으로 거래되는 암호화폐이기때문에 기존의 화폐처럼 중앙은행의 관리감독을 받지 않습니다.

 **궁금증해결**
머클트리라는 것이 무엇인가요?

블록체인은 블록헤더와 블록바디로 구성되어 있습니다. 이 중 블록바디는 트랜잭션과 머클트리로 이루어져 있지요. 머클트리란, 거래 내역을 트리 형태로 만든 데이터를 뜻합니다. 거래를 검증하기 위해 노드가 블록정보를 요청하면 이 머클트리를 통해 거래가 검증되었는지 확인하는 역할을 합니다.

#. 비트코인 사용법 무작정 따라 하기(2)[43]

해외직구를 하다보면 간혹 카드결제가 잘 안 되는 사이트가 있다. 그래서 비트코인으로 해외직구를 해보았다. 우선 제품의 가격에 상응하는 만큼의 비트코인을 구매했다.

---

[43] 빗썸 카페 출처

그리고 해외직구 사이트에서 제품을 선택한 후,

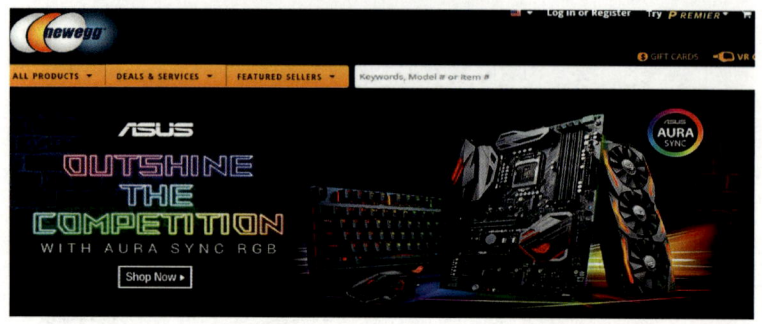

비트코인으로 결제를 했더니,

1분 만에 결제가 완료되었다. 카드보다 훨씬 빠르고 편리하다.

#. 관련 사이트 도전기(2)

국내 최대의 비트코인 거래소 빗썸 사이트(https://www.bithumb.com)를 방문해 보겠다.

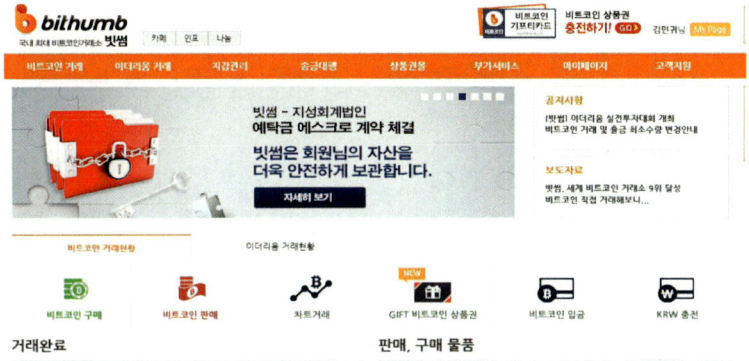

거래소인 만큼 이 곳에서 비트코인의 실시간 가격과 거래량 등을 확인할 수 있다.

비트코인의 실시간 시세와 가격 변화 추이는 그래프로도 확인 가능

하다.

비트코인 매매도 쉽게 할 수 있다.

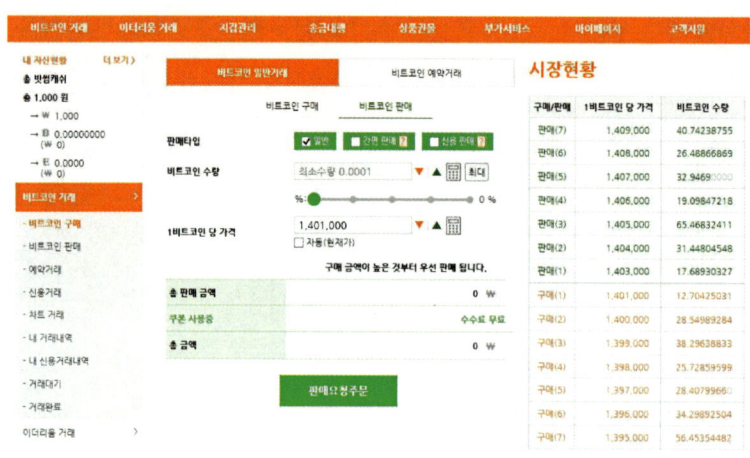

비트코인을 원화로 충전할 수 있는데, 주로 카드결제나 휴대폰 충전을 이용한다.

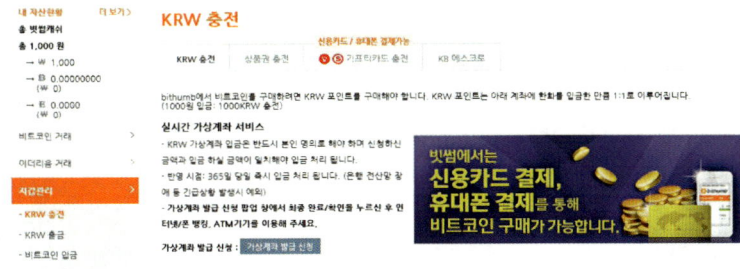

비트코인 송금은 미국 달러, 중국 위안, 일본 엔, 태국 바트 등 총 22개의 화폐가 사용되는 국가로 송금할 수 있다.

> **보다 자세히 동영상 Tip**
>
> **블록체인 혁명의 저자 돈 탭스콧**
> (Don Tapscott) at TEDsumit
>
> **<블록체인이 돈과 경제를 어떻게 변화시키고 있는가>**
> 블록체인이 바꿀 미래를 좀더 이해하고 싶다면 거장의 강연을 한번 들어봅시다.

Part 2 비트코인 본격해부 099

나의 비트코인 체험수기

판소리 소리꾼 <엄익현>

　가난을 스승처럼 믿고 얻은 철학과 얼을 배우며 수십 년을 살았습니다. 중학교 때 포장마차 신문팔이 일이라면 가리지 않고 밤낮을 두려워하지 않으며 졸업을 해서도 당당하게 일을 했습니다. 그렇게 차곡차곡 돈을 모아두면 곧바로 어디론가 사라져버리기 일쑤였습니다. 소중한 하루의 일당 45,000원. 삶에 배움을 귀한 스승처럼 여기고 성실히 임했던 길고 긴 세월은 가난에 서서히 무너져 내리고 있었습니다.

　소주 한 병에 제육볶음 먹고 싶어서 '언젠가 저놈의 제육볶음을 내 입에 마음껏 넣으리라' 그만큼 가난했던 것이 10년도 되질 않습니다. 그나마 판소리가 가난한 나의 삶을 잘 수놓아 주던 시절이었습니다. 하지만 결혼하고 상황은 더욱더 악화되었습니다. 결혼과 동시에 쌍용 자동차 77일간의 투쟁…. 회사 안에서 투쟁하다 포기하고 가게를 운영하다 빚만 떠 앉게 되었습니다. 노력이 항상 통하는 것이 아님을 내 나이 40이 되어서야 알게 되었습니다.

　쉽게 말씀 드리자면 1년 전 만해도 저는 개뿔도 없는 소리꾼이었지요. 하지만 지금은 아닙니다. 이용갑 선생님을 통해 비트코인을 알면서 마음에 든 단어가 있습니다.

　돈의 민주화!

　파도가 아닌 '바람'을 보는 것!

　비트코인으로 그동안 따라다녔던 가난의 그림자가 서서히 걷혀가고 있습니다. 서민들이 항상 원하고 갈망했던 한가위의 꿈. 그것이 이루어지고 있습니다. 천둥을 일으킨 이용갑 선생님과 비트코인이 평범한 우리에게 혹은 가난한 누군가에게 햇살을 비추어줄 것입니다.

나의 비트코인 체험수기

창업준비 부부 <이찬희, 이윤경>

평범한 맞벌이 부부인 우리는 물려받을 재산도 없고, 공무원이나 대기업 직장인들처럼 퇴직 후에 안정된 노후자금이 보장되지 않아 늘 노심초사했습니다. 노후에 대한 준비가 절실한 순간이었습니다. 그때 만난 암호화폐! 짧은 시간동안 암호화폐를 경험하면서 얻게 된 우리 부부의 변화를 소개하고자 합니다.

저는 사업실패로 많은 빚을 안은 채 주방기구 회사에서 10년 넘게 직장생활을 하고 있었습니다. 아내도 맞벌이로 직장생활을 했지만 두 사람의 월급으로 빚을 갚으며 생활하기란 턱없이 부족했습니다. 그러던 중 올해 4월, 아내가 우연히 아는 지인을 통해 암호화폐에 대한 정보를 접하게 되었습니다. 그리고 암호화폐에 투자해보자는 제안을 하는 것이었습니다.

당시에는 암호화폐에 대해 무지한터라 너무 생소하기도 했고 팔랑귀인 아내가 사기라도 당하면 어쩌나 하는 마음에 절대 안 된다고 반대했습니다. 하지만 내 반대에도 불구하고 투자를 진행해보겠다는 아내를 무작정 말릴 수 없어서 나라도 정확히 알아봐야겠다는 생각이 들어 사업설명도 가보고, 이용갑 선생님의 블록체인과 암호화폐에 대한 강의도 듣고, 책도 사서 읽기 시작했습니다. 알면 알수록 신세계였고, 나도 모르는 사이에 세상이 빠르게 변화고 있음을 알게 되었습니다. 이미 암호화폐에 투자해서 돈을 벌고 있다는 사실에 놀라 본인도 투자를 하게 되었습니다.

투자이후 우리 가정에도 소소한 변화와 웃음이 생기기 시작했습니다. 경제적인 어려움으로 다툼이 잦았던 우리 부부도 다툼이 없어졌고, 마음만 먹으면 부모님을 모시고 근사한 외식도 할 수 있고, 책을 너무 좋아하는 딸들에게 대형서점에서 사고 싶은 책을 맘껏 사줄 수 있게 된 것이 가장 큰 변화입니다. 그동안 마음은 간절했지만 주머니 사정 때문에 망설이다 실천하지 못했던 효도를 할 수 있게 되고, 자녀들이 먹고 싶은 것, 사고 싶은 것, 하고 싶은 것을 하나씩 해 줄 수 있어 행복할 따름입니다.

소소하지만 큰 변화가 내 삶에 찾아왔고, 40대 중반의 나이에 내 꿈을 하나씩 꺼내보고 다시 꿈꾸는 사람이 되었다. 하루에 300키로 이상 용달차로 운전하며 치열하게 살던 직장생활을 정리하고, 지금은 프리랜서로 일하며 시간적·경제적 여유를 누리며 살고 있습니다.

비트코인은 삶을 이렇게 바꿔줍니다. 이것은 일시적인 현상이 아니라 생각합니다. 이 세계를 알게 해주신 책의 저자 이용갑 선생님께 감사드립니다.

Part 3

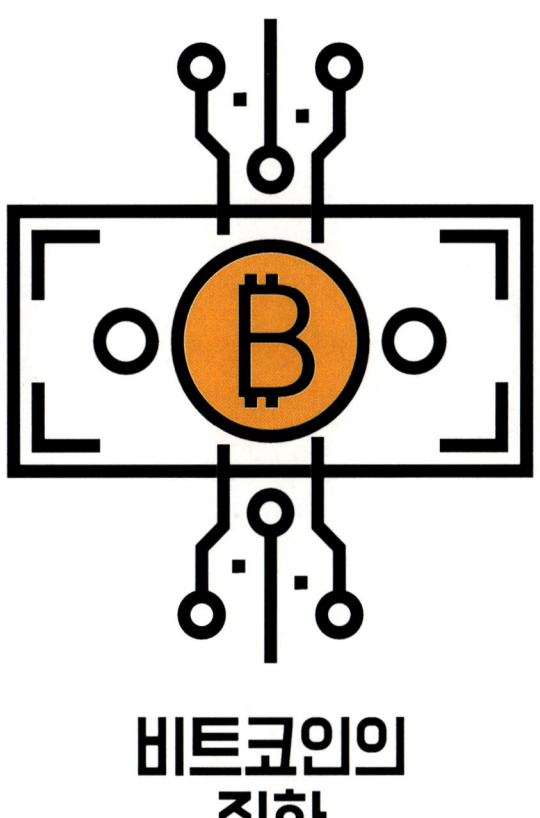

비트코인의 진화

Part 3

비트코인의
진화

비트코인의 숨겨진 이야기들

비트코인 초기 블록은 36MB를 가질 수 있었다는 사실[1]을 아는가? 현재는 거래가 폭발적으로 증가하면서 1MB로 축소시켰다고 한다. 이러한 용량의 축소는 해킹을 방지하기 위해서인데, 2016년 8월 홍콩 거래소가 해킹[2]을 당해 725억 원어치가 공중분해 됐다고 한다.

이제 비트코인의 용량에 대해 알아볼 차례다. 비트코인의 정보와 암호 값이 들어 있는 블록체인의 블록을 살펴보자. 이 블록이 폭발적

---

[1] 이석원, 비트코인 "블록 용량이 문제야···", 테크홀릭, 2016.05.30.
[2] 김윤구, 홍콩거래소 해킹으로 비트코인 725억원 털려···가격 15% 추락, 연합뉴스, 2016.08.03.

으로 증가하면 용량이 필요[3]하게 된다. 만약 블록의 용량이 적다면 거래 지연 등의 문제에 봉착하지 않을까?

블록의 용량이 적을 경우, 블록체인을 다운받는 속도가 느려져서 비트코인 거래의 속도나 거래량에 한계가 발생한다. 예를 들면, 비자카드는 1초에 2,000건의 거래를 할 수 있는 반면, 비트코인은 1초에 7건의 거래만 처리[4]할 수 있다.

만약 비트코인의 용량이 커지면 어떤 일이 벌어질까? 비트코인 거래가 빨라질 것이며 블록체인의 부하가 줄어들 것이다. 하지만 그만큼 해커의 공격을 받을 확률이 커지는데, 이외에도 더 많은 자원인 CPU 파워를 가진 중국 등이 블록체인을 지배하게 될 수 있다. 중국은 현재에도 전 세계 비트코인 거래량의 약 92%를 점유[5]하고 있다니 엄청나지 않은가?

현재 비트코인 업계에서는 선거가 진행 중이다. 바로 블록체인의 용량을 1MB로 할 것인지 2MB로 할 것인지에 대한 CPU투표인데, 결과가 어떻게 나올지 지켜보도록 하자.

---

[3] 정보통신기술진흥센터, 주간기술동향, 1776호, 2016.12.14.
[4] 배기홍, 비트코인 블록사이즈 논란, 더 스타트업 바이블, 2016.04.03.
[5] 케이벤치, 중국 가상화폐 '비트코인' 투기 열풍…나흘간 가격 16% '급등', 2016.06.03.

암호화폐에 대한 국가별 견해 및 시각

비트코인이 나오면서 음모이론도 거세지고 있다. 미국이 중국을 견제하기 위해서 만들었다거나 글로벌 금융을 붕괴시키기 위해서 만들었다, 혹은 현재 양적완화로 무진장하게 풀려나간 시중의 달러를 증발시키기 위해서 비트코인을 만들었다는 내용이 음모이론의 핵심이다.

이러한 음모이론들은 국가별로 비트코인을 바라보는 이해와 시각차, 이익의 차이가 각각 다르기 때문이라고 생각된다. 실제로 암호화폐에 대한 각국의 입장은 매우 다양하다. 비트코인의 경우만 봐도, 미국은 비트코인 시장이 가장 크게 형성되어 있는 국가이기 때문에, 매주 일요일 뉴욕의 유니온스퀘어에서 비트코인 사용자들의 모임[6]이 있을 정도이다.

2016년 9월 19일 미국 뉴욕주 남부지역 연방법원은 비트코인의 화폐성을 인정하는 판결을 내렸다. 비트코인을 불법으로 유통하여 기소된 형사사건에서 유죄 판결을 냈다. Nathan 판사는 "비트코인은 재화와 서비스의 지급수단으로써 일반적으로 받아들여지며, 은행계좌에서 직접적으로 교환이 가능하여, '금전적 재원(pecuniary resources), 교환수단(medium of exchange), 지불수단(means of payment)'이라는 화폐(money)와 자금(funds)에 해당한다"고 판시[7]

---

[6] 박유진·손현진, 비트코인을 중심으로 살펴본 암호화폐의 현황과 전망, kt경제경영연구소, 2013.09.27.

[7] 배승욱, 비트코인(Bitcoin)의 화폐성을 인정한 미국 판결의 의미와 시사점, 자본시장연구원, 자본시장포커스, 2017.01.10.

했다.

반대로 비트코인의 화폐성을 부인한 판결[8]도 있었다. 2016년 7월 22일 미국 플로리다 주 마이애미에서는 32,000달러 규모의 비트코인을 불법으로 유통 및 자금 세탁한 혐의로 기소된 형사사건이 기각되었는데, 그 이유는 "비트코인은 일반적인 교환의 수단으로 쓰이지 않으며, 현금이나 금과 같이 침대 매트리스 아래 숨길 수 있는 실물자산(tangible wealth)이 아니다"라고 판시했기 때문이다.

이렇듯 미국 내에서도 판결이 엇갈리고 있고, 암호화폐에 관한 규제도 주마다 다르다고 한다. 무려 12개 주에 암호화폐에 관련된 규제가 있다고 하니 역시 미국답다는 감탄사가 절로 나온다.

다음은 독일이다. 독일은 세계 최초로 디지털통화에 법적 성격을 규정하여 비트코인을 민영화폐로 인정[9]한 국가다. 특히 뮌헨에 있는 Fidor은행은 2014년 11월 세계 최초로 디지털 화폐 거래은행으로 발족됐다. 이 뿐만 아니라 독일 연방 금융서비스감독위원회(Bundesanstalt für Finanzdienstleistungsaufsicht)는 금융법(Kreditwesengesetz) 제1조 11항 1문에 비트코인을 법적으로 허용된 금융상품이라고 명시[10]했다.

---

[8] 배승욱, 비트코인(Bitcoin)의 화폐성을 부인한 미국 판결의 의미와 시사점, 자본시장연구원, 자본시장포커스, 2016.08.25.
[9] 김준형, 디지털 가상화폐 비트코인 법정화폐 대체재 급부상, 울산매일, 2017.01.01.
[10] 이경미·고은희·주소현, 한국·미국·독일의 비트코인 활용 현황과 공유가치창출에의 함의 탐색, Financial Planning Review, 제9권 3호, 2016.08

그럼 중국의 상황은 어떨까? 2016년 중국은 가상 재산권 또는 사이버 재산에 대한 정의와 정확한 법률을 제시하는 법조 초안을 공개했다. 중국은 비트코인 환전의 80%가 위안화일 정도로 규모가 큰 시장임에도 최근 비트코인에 의한 자본유출을 줄이기 위해 중국 금융당국이 대대적인 규제를 감행[11]하고 있다.

궁금증해결
비트코인과 유대인의 음모론 사실인가요?

비트코인은 유대인회사와 그 협력자들의 거대한 음모라는 주장이 나옵니다. 오랫동안 세계금융을 좌지우지한 유대인들에 대한 일종의 음모론인데, 세계경제를 좌우하는 유대인이 만들어낸 개발품이 비트코인이라는 주장입니다. 하지만 아직까지 근거가 밝혀진 바는 없고 그저 '～카더라' 주장에 가깝습니다. 이게 밝혀지려면 1세기는 흘러야 할 것 같습니다.

해킹 및 위조가 불가능한 비트코인

비트코인은 위조가 가능할까? 지금부터 관련 내용에 대해 알아보겠다.

---

[11] 김규환, '비트코인과 전쟁'을 선포한 중국, 서울신문, 2017.02.14.

비트코인은 네트워크에서 발생하는 모든 거래내역(transaction)을 각 노드가 검증하여 거래원장(ledger)인 블록체인에 기록한다. 이때 블록체인은 네트워크 과반수의 노드로부터 무결성을 검증받기 때문에 거래내역을 위조할 수 없다. 이러한 사유가 비트코인 거래에서 신뢰의 근간(Root of Trust)[12]이 되어준다.

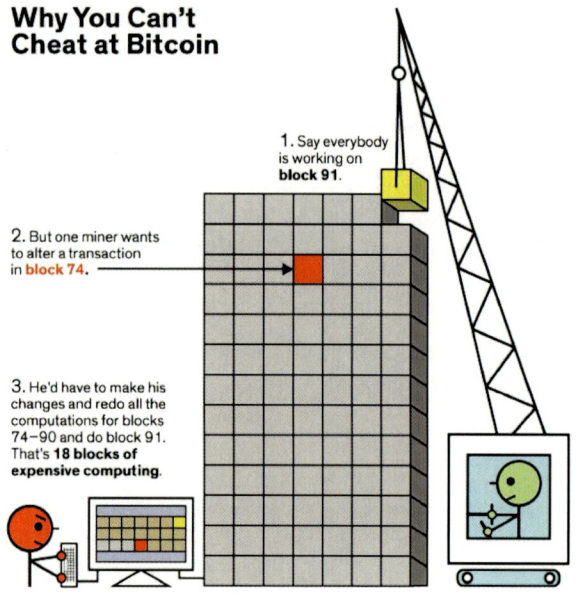

출처: 비트코인을 위조하기 어려운 이유(Illustration: Mark Montgomery/IEEE Spectrum, http://bitcoin.stackexchange.com/questions/12427/can-someone-explain-how-the-bitcoin-blockchain-works)

---

[12] 김영삼 · 조상래 · 김수형, 블록체인 기술 개념 및 적용 현황, 정보통신기술진흥센터, 2016.05.11.

만약 특정 블록에 담긴 거래 기록을 조작하려면, 해당 블록 이후에 연결된 모든 블록을 10분 내에 전부 수정해야 한다. 왜 위조가 불가능한지 조금은 이해가 되는가?

블록체인의 거래 검증 방식으로는 작업증명(Proof-of-Work) 메커니즘이 추가적으로 존재한다. 이 작업증명은 거래승인 과정에서 컴퓨팅 파워가 많이 필요한 어려운 작업이다. 예를 들면, 반복적인 연산의 문제 풀기 등을 포함시켜 가장 많은 참여자들이 가진 블록체인을 진짜로 인식하여 다른 기록은 폐기하게 하는 시스템이다. 따라서 이 시스템 안에서는 블록체인을 조작하려면 전체 참여자의 과반수보다 많은 컴퓨팅 파워를 갖고 있어야하니[13] 위조나 조작이 불가능한 건 당연한 이치이다.

해킹에 대해서는 논란이 분분하다. 비트코인 자체는 보안성과 무결성을 제공하는 블록체인 기술을 기반으로 하고 있지만 최근까지 비트코인 거래소의 해킹사례는 끊이지 않고 있다. 2011년 6월과 2013년 4월 비트코인 일본 거래소가 해킹 되었으며 2014년 2월 11일 슬로바니아의 비트코인 거래소가 사이버 공격[14]을 당했다.

비트코인의 안정성에 따르면 각 노드들에 저장된 해시 값은 이전 블록들의 값에 영향을 받으므로 내용을 위·변조하는 행위는 매우 어렵다고 알려져 있다. 다만 노드의 과반수를 동시에 해킹할 경우 데이

---

[13] 김예구, 블록체인 기술과 금융의 변화, KB금융지주 경영연구소, 2015.11.25.
[14] 채원영, 최근 부각된 비트코인의 문제점과 시사점, 보험연구원, 2014.02.17.

터 변조가 가능하다고 한다. 이에 따라 비트코인 등 디지털 통화와 관련된 제도의 정비가 속속 진행되고 있는데, 우리나라도 금융위원회와 기획재정부 등이 디지털 통화의 구체적인 제도화 방안을 곧 내놓을 전망이라고 한다.

그럼에도 불구하고 거래는 빠르게 확산 중이며 비트코인 업계는 블록체인 등의 기술을 활용하여 이러한 취약점을 보완할 계획이라고 한다. 현재 비트코인 거래소에 블록체인 랩(LAB)등을 설립해 블록체인 도입을 위한 혁신모델을 연구 중[15]이라고 하니 기대해볼만 하지 않은가?

궁금증해결
이체나 송금도 할 수 있나요?

> 비트코인으로 송금도 가능합니다. 자신의 컴퓨터에서 개인키와 공개키를 생성하여 공개키를 전달합니다. 공개키를 전달받은 상대방은 수표를 작성하여 비트코인 사용자 네트워크를 통해 모든 참여자에게 수표를 보냅니다. 개인키를 받은 사람만이 수표를 사용하게 됩니다.

---

[15] 권용욱, 가시화되는 비트코인 제도화…기존 취약점 극복할까, 연합인포맥스, 2016.12.08.

궁금증해결
왜 송금할 때 10분이나 걸리나요?

> 비트코인은 생성되면 그때부터 발생한 모든 코인의 전송내역이 10분 단위로 블록화 되어 형성됩니다. 따라서 송금할 때 최소한 10분을 기다려야 합니다.

수많은 암호화폐의 종류

이번에는 암호화폐의 종류에 대해 알아볼 차례다. 린든 달러(Linden Dollar)라고 들어봤는가? 이것은 세컨드 라이프(second life)라는 가상세계에서 통용되는 가상화폐이다. 린든 달러는 비트코인보다 한참 전에 등장했는데, 세컨드 라이프에서 아바타를 꾸미고 가상의 주택이나 토지를 구매하는데 쓰인다. 린든 달러는 양방향 가상화폐로써 이용자가 세컨드 라이프 내의 가상 환전소인 LindeX Exchange에서 신용카드, PayPal 및 달러로 환전이 가능[16]하다.

비트코인 외의 다른 코인을 통칭 알트코인(Altcoin) 이라고 하는데, 그중 떠오르는 것이 이더리움(Ethereum)이다. 이더리움은

---

[16] 김태오, 가상화폐의 이용현황과 시사점 : Bitcoin과 Linden Dollar를 중심으로, 금융결제원, 2013.07

2014년 이더리움 재단의 발족과 함께 탄생했다. 이더리움의 가장 큰 특징은 가상통화이면서 플랫폼이라는 것인데, 이더리움은 비트코인과 마찬가지로 여러 개의 블록이 모여 정보의 사슬을 이루는 블록체인 기술을 기반[17]으로 하고 있다. 비트코인으로도 거래소에서 이더리움을 구매할 수 있다.

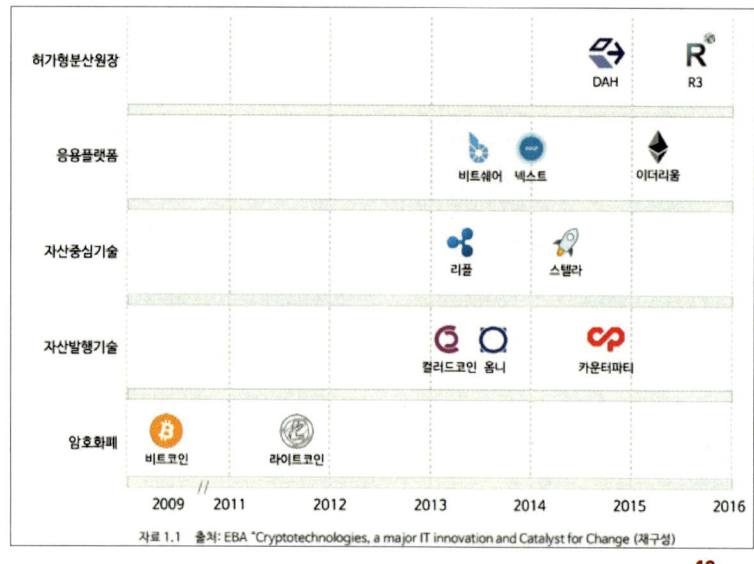

출처: http://finector.com/report/. 블록체인 기술의 발전과정과 이해, 2016에서 발췌[18]

마지막으로 기타 알트코인에 대해 알아보자.

알트코인을 정의하자면 비트코인에 기반을 둔 새로운 암호화폐들

---

[17] 황성호, 가상화폐 어떤 게 있나, 동아닷컴, 2016.04.23.
[18] 피넥터 보고서 제1호 '블록체인 기술의 발전과정과 이해' p. 7

을 뜻한다. 알트코인은 2011년 생긴 IXCoin은 물론, 라이트코인, Dogecoin, Blackcoin 등 다양한 코인의 총칭인데, Dogecoin은 통화 발행 속도와 최대 발행량을 크게 증가시킨 화폐이며, 블록생성시간은 60초[19]라고 한다.

현재(2017년 4월)기준 암호화폐 상위 10위의 코인들을 코인마켓캡 사이트에서 확인해 보았다.

#	Name	Market Cap	Price	Volume (24h)	Circulating Supply	Change (24h)	Price Graph (7d)
1	Bitcoin	$136,243,384,389	$8159.27	$4,612,654,000	16,697,987 BTC	-0.77%	
2	Ethereum	$39,423,065,471	$411.00	$1,931,380,000	95,919,167 ETH	7.56%	
3	Bitcoin Cash	$28,084,592,154	$1669.77	$4,132,270,000	16,819,438 BCH	10.80%	
4	Ripple	$9,412,509,388	$0.243703	$246,340,000	38,622,870,411 XRP *	1.49%	
5	Dash	$4,332,912,352	$562.20	$158,570,000	7,707,107 DASH	-0.39%	

암호화 화폐 5위 시가 총액 현황, 2017.11.24. 기준 [출처: http://coinmarketcap.com]

기존의 블록체인 기술이 적용된 암호화폐뿐만 아니라 블록체인을 이용한 자산발행기술, 자산중심기술, 응용플랫폼 등이 더욱 다양한 형태로 등장할 것이라 예상된다. 앞으로 생겨날 다양한 화폐들이 기대되지 않는가?

---

[19] 김영삼 · 조상래 · 김수형, 블록체인 기술 개념 및 적용 현황, 정보통신기술진흥센터, 2016.05.11.

궁금증해결
알트코인? 비트코인? 각각 다른 건가요?

알트코인이란 비트코인을 제외한 모든 암호화폐를 이르는 말입니다. 기반 기술은 블록체인이며 거래 방법이나 사용처는 비슷합니다. 다만 알트코인은 비트코인의 기술적 한계를 보완하고 개선하였다는 점에서 더 많은 분야에 활용이 가능하다고 볼 수 있습니다.

궁금증해결
비트코인 클래식, 비트코인 캐시 등 왜 이처럼 종류가 많은 건가요?

비트코인은 생성 기술이 공개돼 있어 블록체인 기술을 이해하는 개발자라면 누구든지 쉽게 수정하여 다양한 암호화폐를 만들 수 있습니다. 따라서 비트코인의 단점을 보완한 많은 암호화폐가 등장하고 있습니다. 현재는 비트코인의 가격이 너무 많이 올라 투자자들이 가격이 보다 저렴한 대체코인을 많이 구매하고 있습니다.

역사상 가장 성공적인 암호화폐는?

비트코인은 우리가 본 암호화폐 중에 가장 성공적인 사례이다. 비트코인은 매우 실험적이였으며, 그 실험을 성공적으로 수행했다고 평가되고 있다. 물론 비트코인 이전에도 가상화폐는 있었다. 이미 이

골드, 빈즈, 페이스북 크레딧 등 다양한 가상화폐 시스템[20]들이 있었으나 모두 역사 속으로 사라졌다.

비트코인의 성공은 무엇보다 높은 유동성, 낮은 거래비용, 익명성 등에 기인한다. 물론 비트코인이 많은 논란과 위기를 겪지 않았다고 할 수 없으나 현존하는 어떠한 암호화폐보다도 성공적인 길을 걸어왔다. 발행통화의 가치로는 말할 것도 없겠다.

비트코인의 성공을 바라보는 시선 중에는 정부의 통제를 벗어나 자유로운 거래가 가능했던 것이 가장 큰 이유였다는 의견도 있다. 비트코인이 본격적으로 주목을 받기 시작한 2013년 3월은 금융위기로 키프로스 정부가 금융 통제를 시작하면서, 비트코인으로의 자금 대이동이 있었기 때문이다. 이는 곧 기존 화폐와 금융 시스템에 대한 일종의 저항[21]을 뜻한다.

비트코인이 암호화폐로써 성공한 데에는 여러 가지 이유가 있었다. 그러나 무엇보다 중요한 사실은 아직도 비트코인은 건재하며, 앞으로도 수많은 보완과 진화를 통해 보다 나은 암호화폐로써 역할을 담당할 것이란 사실이다. 이러한 이유 때문에 우리는 더욱 비트코인에 관심을 가지고 학습해 나가야 할 것이다. 언젠가 비트코인이 아닌 다른 암호화폐가 이를 대체하더라도 지금의 공부는 분명 도움이 될 것이라 믿는다.

---

[20] Alex Wawro, 역사상 가장 성공적인 가상화폐 비트코인에 대한 이해, 디지에코, 2014
[21] 한민옥, '도토리'의 몰락과 '비트코인'의 화폐 혁명, 디지털타임스, 2014.01.12.

블록체인이란?

앞서서 잠시 블록체인을 살펴보았다. 이번에는 구체적으로 블록체인이란 무엇인지 살펴보자.

블록체인 기술이 활용 가능한 분야는 사회전반이다. 그렇다면 과연 블록체인은 무엇일까? 블록체인을 이용한 암호화폐는 비트코인 외에도 알트코인, 알트체인 등이 있다. 이들은 암호화폐이면서도 블록체인 기반의 분산 서비스 제공을 목적으로 한다. 비트코인과 블록체인은 어떠한 관계일까?

비트코인 네트워크의 모든 정보는 블록체인에 기록된다. 블록체인은 이 비트코인 거래에 있어서 신뢰의 근간이기 때문에 비트코인 네트워크에서는 블록체인을 통해 안전한 거래를 성립시킨다. 이 블록체인은 디지털 서명을 이용해 거래내역의 생성 및 검증을 비롯한 블록의 생성, 블록의 유효성 검증, 블록체인 연결을 모두 담당한다니 매우 중요한 기술이라 할 수 있다.

이러한 블록체인의 기술은 현재 어떻게 활용되고 있을까? 우선 금융업계에서 가장 먼저 이 기술을 도입하고 있다. 산탄데르은행은 2022년까지 블록체인 기술을 이용해 은행시스템 운영비를 20조 원 가량 절감할 예정이라고 한다. 씨티그룹은 블록체인 기술을 활용한 씨티코인을 개발[22]하고 있으며, 나스닥은 비상장 장외시장에서 블록

---

[22] 김영삼 · 조상래 · 김수형, 블록체인 기술 개념 및 적용 현황, 정보통신기술진흥센

체인 기술을 활용할 계획이라고 한다. 블록체인 기술의 응용분야는 이처럼 매우 다양하다.

블록체인은 프라이빗 블록체인(Private Blockchain)과 퍼블릭 블록체인(Public Blockchain)이 있는데 비트코인은 퍼블릭 블록체인에 해당된다. 따라서 비트코인은 공개성과 분산성이라는 특징을 갖고 있다면, 프라이빗 블록체인은 특정기관이 특정한 설계를 통해 만든 블록체인이기 때문에 폐쇄성과 집중성이라는 특징을 갖고 있다. 이 때문에 가상화폐보다는 데이터를 분산하는 용도로 쓰인다는 점에서 비트코인과는 엄연한 차이를 보인다.

블록체인은 금융 분야 외에도 사물인터넷 등의 보안에도 적용될 전망인데 사물인터넷의 발달로 수많은 기기들이 연결되면 분산데이터 구조가 필요하며, 방대한 데이터를 신속하게 처리할 필요성이 대두된다. 이때 블록체인이 큰 역할을 할 것이라고 한다. 또 전자의료 기록에도 활용될 예정이어서 대규모 건강정보를 기반으로 유전체 분석 등을 수행[23]하는데 기여할 것으로 보인다. 이렇듯 블록체인은 인터넷의 등장만큼이나 중요한 혁신 기술로써 역사에 기록되지 않을까.

터, 2016.05.11.

[23] 김임권, 블록체인: 인터넷 그 다음의 혁명, 현대able Daily, 2016.08.02.

궁금증해결
양자컴퓨터가 나오면 해킹 당하나요?

> 양자컴퓨터가 나와도 해킹은 어렵습니다. 비트코인 채굴에 참여하는 사람이 많아질수록 비트코인 거래를 기록할 컴퓨터가 늘어날수록 해킹은 더욱 어려워집니다. 따라서 보안성은 더 견고해지므로 걱정할 필요가 없습니다.

블록의 의미

블록체인의 블록이란 무엇일까? 블록이란 일종의 데이터 패킷으로 몇 가지 정보를 담고 있는데 매 블록은 바로 전 블록의 해시 값을 담고 있으며, 이렇게 이어진 블록들은 이체내역을 저장하고 있는 하나의 블록체인을 형성한다. 각 블록은 최대 1MB까지 확장이 가능하며 헤더 80바이트, 기타 17바이트를 제외한 총 1,048,479바이트가 이체내역 저장을 위해 사용된다.

블록체인의 블록을 생성하는 과정을 마이닝 이라고 한다. 비트코인 네트워크에서 거래내역을 취합하여 마이닝 하는 것은 노드이다. 이때 블록은 블록 헤더와 거래내역 리스트 정보로 구성되는데 이 블록 헤더는 이전 블록의 해시 값, 거래내역의 요약인 Merkle Root, 타임스탬프, 난이도, 난수 등을 포함한다. 이 난수를 찾아내는 과정을 작업증명이라고 한다. 여기서 말하는 Merkle Root는 전체 트랜잭션의 해시코드를 뜻하며, 난이도는 해시 목표 값을 말한다. 난수는 해당 블록 안에 기재된 모든 이체내역을 담은 바디를 가리킨다.

작업증명 알고리즘에 따라 난수가 선택되면 후보 블록 생성이 완료된다. 그러면 마이닝 노드는 곧 후보 블록을 전체 비트코인 네트워크에 전달하게 된다. 후보 블록을 수신하면 이 해시 값이 난이도보다 작은지 검증에 들어가고, 이후 마이닝 노드가 찾은 난수의 유효성 검증이 시작된다. 유효성이 검증된 블록은 블록 간의 체인이 연결되면서 완료된다.

궁금증해결
지갑이란 게 뭔가요?

> 비트코인 지갑이란 각자의 비트코인 주소를 뜻합니다. 비트코인 앱을 다운받아 회원가입 후 본인의 기존 은행계좌를 등록하면 34자릿수의 비트코인 주소가 부여되는데 이를 비트코인 지갑이라고 부릅니다. 이 지갑에는 여러 주소를 보관할 수 있습니다. 한 지갑 안에 여러 개의 비트코인을 보관할 수 있다는 말입니다.

궁금증해결
해킹당하면 누가 보상해주나요?

거래소마다 보상 정도가 다릅니다. 2016년 홍콩의 Bitfinex 거래소는 대규모 사이버공격으로 인해 비트코인 약 12만 BTC를 손실 당하였습니다. 당시 거래소 측은 도난당한 금액을 전체 잔액으로 분산하고 공격의 영향을 받지 않은 고객을 포함한 모든 고객에게 해당 손실에 대한 보상을 하였습니다.

블록의 생성 권한 얻기

채굴에 참여하는 모든 사용자는 블록의 생성 권한을 얻기 위해 경쟁한다. 특정한 사용자가 목표 값에 해당하는 해시 값을 찾으면 블록이 생성되는데, 이 사용자는 블록을 생성하여 네트워크에 전파하는 대가로 비트코인과 이체 수수료를 보상으로 받게 된다.

블록의 생성 권한을 얻는 과정을 작업증명이라고 하는데, 이 작업증명은 특정한 난이도의 작업을 수행했음을 증명하는 기법을 말한다. 작업의 어려움은 난이도에 맞게 설정되어 있고, 이 난이도는 해시캐시(Hashcash)라는 방식으로 작업[24]을 증명한다.

---

[24] 피넥터보고서, 블록체인 기술의 발전과정과 이해, 2016

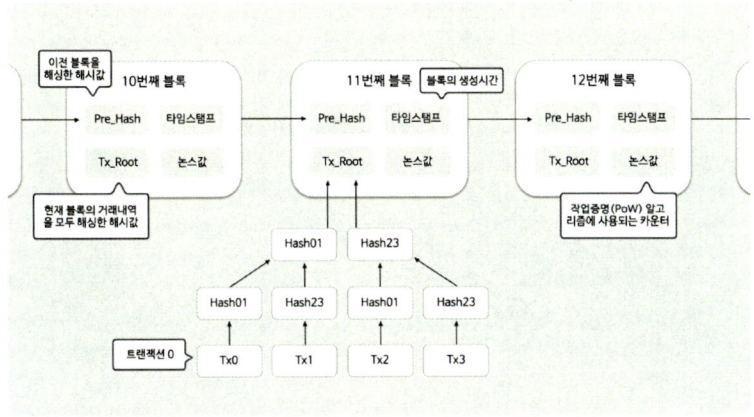

출처: 피넥터보고서, 블록체인 기술의 발전과정과 이해, 2016[25]

해시캐시 방식은 '목표', '작업방식', '난이도 조정방법', '난이도 조정 시점' 등으로 이루어져 있고, 목표는 총 소요되는 시간, 작업 방식은 해싱을 통해 목표 값 찾기, 난이도 조정방법은 목표치 달성 정도에 따른 목표 값의 난이도 변경작업 등을 뜻한다.

정리하자면, 먼저 송금자가 비트코인을 수신자에게 보내면 10분에 한 번씩 블록에 거래가 입력된다. 그러면 블록이 모든 네트워크 참여자에게 전달되고, 네트워크가 거래를 확인하고 합의를 도출하면, 이전의 블록과 연결이 되어 수신자가 비트코인을 받음으로써 거래가 완료된다.

---

[25] Finector Report-2016 p.16 도표인용

궁금증해결
암호화폐가 비트코인인가요?
(비트코인과 crypto curruncy 용어차이)

> 암호화폐란 화폐의 발행 및 거래 승인 과정에서 암호화 기술을 사용하는 모든 화폐시스템을 통틀어 말합니다. 비트코인이란 신용 대신 암호화 기술인 블록체인에 기반한 전자지불 시스템의 하나를 뜻합니다. 따라서 비트코인은 많은 암호화폐들 중에 하나라고 보면 됩니다.

블록체인 인포와 친해지기

그렇다면 블록체인의 거래 기록은 어떻게 확정되는 걸까?

블록체인 인포는 비트코인 네트워크 간의 거래를 기록하는 곳이다. 채굴자는 블록의 내용을 특정 값(nonce)을 이용해서 해시 값으로 만들어내야 하는데 이때 만들어지는 해시 값을 시스템이 허락할 수 있는 값으로 작게 만들어내는 특정 값을 찾아야 블록이 생성되어 체인에 연결[26]된다. 이러한 거래 내역은 수표와도 비슷한 원리이다. 수표를 지불할 때 우리는 누구나 서명을 한다. 비트코인 역시 거래내역에 서명을 해서 소유권을 이전한다. 즉, 수표는 종이서명이고 비트코인은 디지털 서명[27]인 셈이다.

---

[26] 김진화 · 정명호 · 김재모 · 유영석, 블록체인의 기술적 이해 및 도입을 위한 첫걸음, (주)코빗, 2016.03.24.
[27] 김영삼 · 조상래 · 김수형, 블록체인 기술 개념 및 적용 현황, 정보통신기술진흥센

비트코인 거래내역의 서명은 이전 소유자가 지정한 주소에 해당하는 개인키를 이용해 생성해야 한다. 이전 거래내역에서 지정된 주소의 공개키와 개인키로 생성한 서명을 다음 거래내역에 포함시키는데, 비트코인 네트워크의 노드들은 이전 거래내역을 참조해서 다음 거래내역을 검증하기 때문이다.

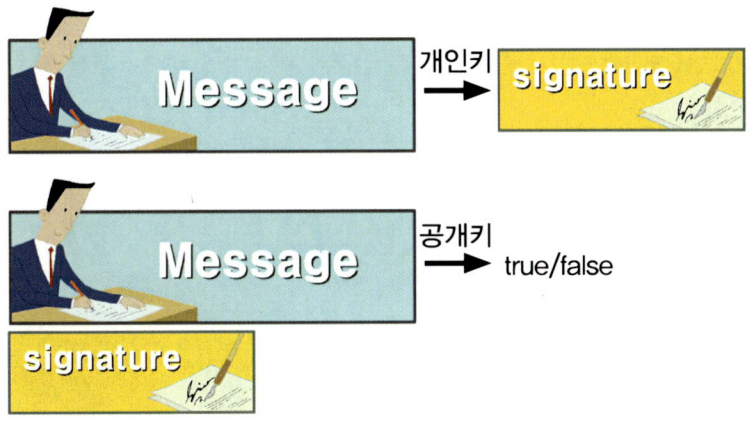

출처: 공개키 방식의 원리, 비트코인과 블록체인 기술, 네이버D², 2015.12.08., http://d2.naver.com/helloworld/8237898

터, 2016.05.11.

궁금증해결
비트코인은 해킹에 안전한가요?

> 비트코인은 블록체인 기술을 기반으로 하고 있습니다. 이 블록체인은 각각의 블록들로 구성되어 있지요. 만약 한 사람이 오랜 시간에 걸쳐 하나의 블록을 해킹했다고 해도 진입하는 피어들에게 위조된 블록을 주게 되면 그 다음에 오는 모든 블록을 계속해서 위조해야 하기 때문에 근본적으로 블록체인 전체를 해킹하거나 위조하는 것은 거의 불가능에 가깝습니다.

정보사회와 암호화폐 시대의 공통점

    컴퓨터, 인터넷, 암호화폐 이들의 공통점은 무엇일까? 바로 세상의 많은 부분을 바꾸는 역할을 한다는 것과 모든 사람들이 공유하는 수평적인 시스템이라는 점이다. 비트코인은 발표할 때부터 오픈소스로 널리 공개되었다. 정보사회에서 누구나 시간과 노력을 들이면 수많은 정보들을 인터넷을 통해 쉽게 접할 수 있듯이[28] 말이다.

    컴퓨터와 인터넷 기반의 정보사회를 지나서 우리는 제4차 산업혁명의 시대로 나아가고 있다. AI, 빅데이터 등 지능정보기술 기반의 제2차 정보혁명이 일어나면 모든 것이 연결되고 보다 지능적인 사회

---

[28] 김진화, 모든 거래 기록된 장부 블록체인 진정한 P2P 시대 여는 인터넷의 미래, 동아비즈니스리뷰, 2015

로 진화해 나갈 것이다. 제4차 산업혁명 시대는 초연결사회이다. 사람, 사물, 공간 등 모든 것이 인터넷으로 연결되어 정보가 생성 및 수집, 공유 또는 활용될 때, 블록체인 기술을 기반으로 한 암호화폐는 더욱 큰 역할을 하게 될 것이다.

종이화폐를 암호화폐가 대체할 것이며 금융 서비스 전반에서 디지털화가 진행될 것이다. 그러면 지금의 블록체인 기술보다 더 진화된 암호화폐 기술들이 등장하고, 암호화폐 기술은 디지털 화폐 구현을 가시화하게 되며, 비로소 현금이 없는 사회가 도래[29]할 것이다. 따라서 정보와 암호화폐는 떼려야 뗄 수 없는 관계이며 서로 상호 보완하며 진화해 간다.

우리는 컴퓨터가 등장했을 때에도, 인터넷이 등장했을 때에도, 스마트폰이 등장했을 때에도, 변화를 미리 감지하지 못하고 항상 뒤늦게 쫓아가기 바빴다. 이제는 암호화폐 시대를 미리 준비하여 우리가 세계를 장악할 수 있는 시스템을 개발하고, 널리 확산시켜 나가야 할 것이다.

---

[29] 김광석 · 권보람 · 최연경, 4차 산업혁명과 초연결사회 변화할 미래 산업, 삼정 KPMG 경제연구원, 2017.01

궁금증해결
미국 암호화폐 시장 동향은?

미국 50개주, 암호화폐 비트코인 법률 통일 움직임이 가속화되고 있습니다. 뉴욕에서는 암호화폐 사업을 운용하는데 '비트 라이센스'를 취득기준을 정해놨습니다. 세계최초 암호화폐 규제인데요, 신청비용이 5000달러~1만 달러로 높고 취득조건이 무척 까다롭습니다. '라이센스'로 가는 것은 제도권 내에 정착시키겠다는 의미이자 관리하겠다는 의미로 보입니다. 미국이 법적, 제도적으로 움직인다는 것은 세계의 대부분의 나라가 미국을 뒤따라간다는 말이 되겠지요.

#. 비트코인 사용법 무작정 따라 하기(3)[30]

비트코인을 편의점에서 현금으로 출금해 보겠다.

가까운 편의점을 방문하면 ATM기기가 있을 것이다.

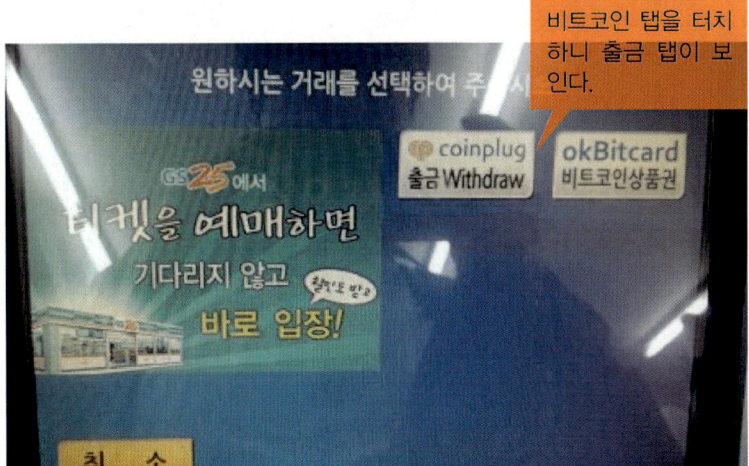

비트코인 탭을 터치하니 출금 탭이 보인다.

---

30 네이버블로그(http://kimjungsoo.com/220477862957)

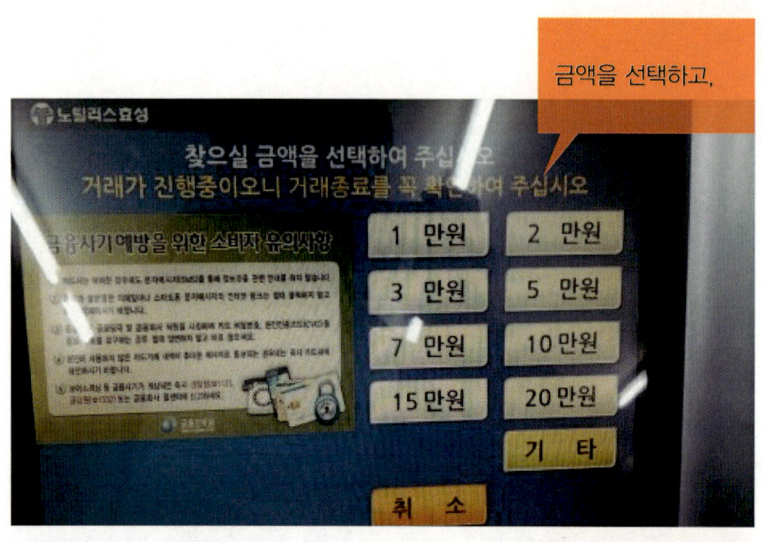

금액을 선택하고,

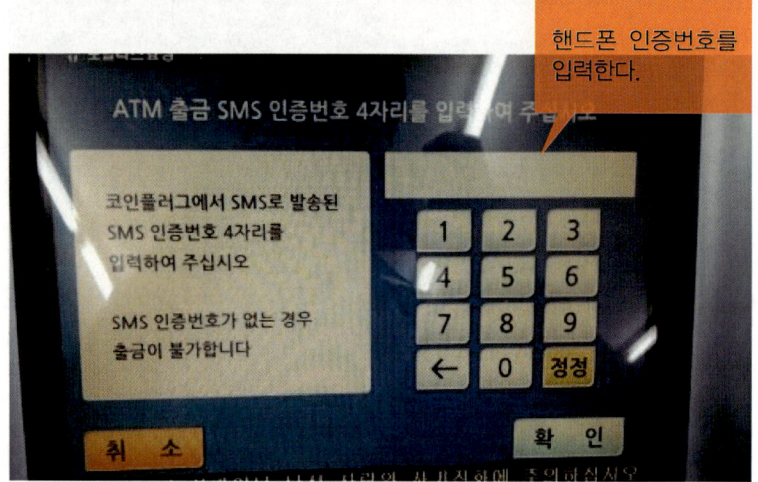

핸드폰 인증번호를 입력한다.

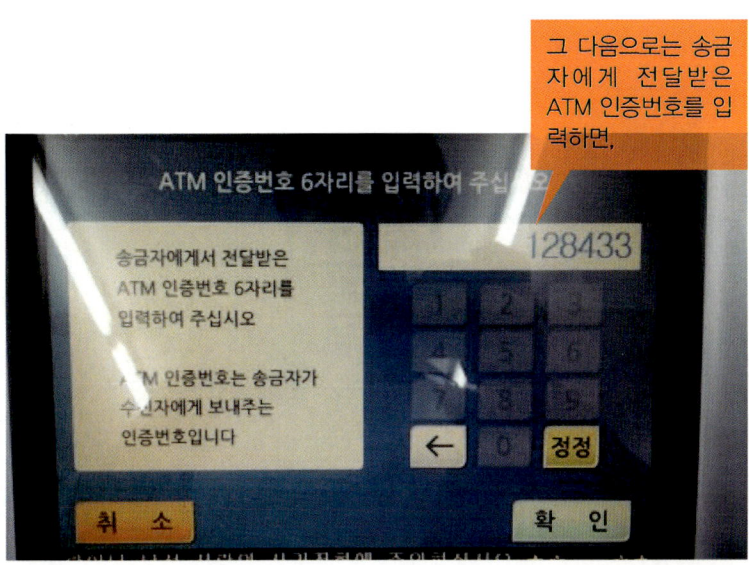

그 다음으로는 송금자에게 전달받은 ATM 인증번호를 입력하면,

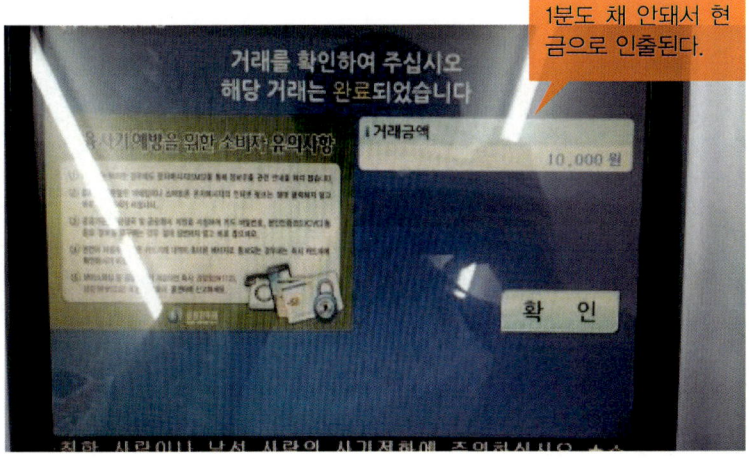

1분도 채 안돼서 현금으로 인출된다.

#. 관련 사이트 도전기(3)

블록체인 인포 사이트(https://blockchain.info/)로 가보자.

이곳에서도 비트코인의 거래 관련 정보를 확인할 수 있다.

물론 지갑도 만들 수 있다.

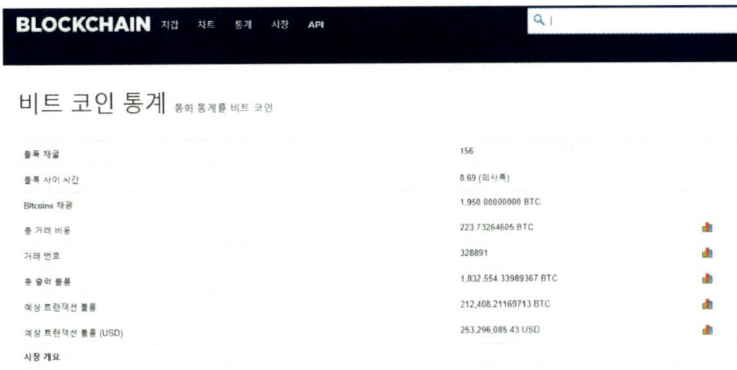

비트코인과 관련된 각종 통계 정보는 덤으로 얻을 수 있다.

나의 비트코인 체험수기

오성급 호텔 쉐프 강수현

저는 올해로 32살인 13년차 요리사 강수현입니다. 요리를 9년쯤 하니 어느 식당이나 업장을 가도 주방장이더군요. 나름 나의 노력의 결실인가라는 생각에 만족 아닌 만족을 하며 삶을 살고 있었습니다. 그 즈음 "KBS 명견만리"라는 프로그램을 우연히 보게 되었습니다. 그날의 방송 주제는 앞으로 미래에 사라질 직업이라는 내용을 다룬다기에 보게 되었는데요. 내용 중에 없어질 확률 96%를 기록한 요리사라는 나름은 의외인 결과를 보게 되었습니다. 그리고 몇 개월 후 일어난 감봉… 급여가 조정이 되면서 주방장들의 월급은 적어지고 오히려 주방 막내로 불리는 새내기 요리사들의 월급이 올라가는 현상이 생기더군요. 물론 제가 일하던 가게뿐만 아니라 제 주위 몇몇 선배들 동기들 후배들에게도 그 현상이 일어났습니다.

우연한 기회에 저는 중국에 일 때문에 갈 일이 생겨서 그 동영상에 나왔던 식당을 찾아가봤습니다. 그곳에서 밀가루 반죽을 국수 면처럼 잘라서 끓는 물에 자동으로 넣어주는 제가 인터넷으로 보았던 똑같은 로봇이 실제로 존재한다는 걸 확인하고선 그 방송에서 이야기하는 것들에 대해서 조금은 진지한 생각이 들게 되었습니다.

암호화폐는 무엇이며 또 비트코인은 무엇인가? 살면서 운동선수와 요리사 외에 다른 걸 해본 적이 없는 저였기에 책상에 앉아 새로운 무언가를 찾아보고 공부한다는 게 참으로 익숙하지는 않았지만 그래도 궁금한 건 못 참는 성격이기에 거의 일주일동안 퇴근 후에는 집에서 컴퓨터 앞에 앉아 있고, 이용갑 선생님의 책으로 공부했습니다.

실물로 존재하지 않아 손에 쥘 수 없는 암호화폐. 그 암호화폐를 나라에서 화폐라고 인정한 여러 나라들. 그리고 그 암호화폐를 이용해 돈처럼 주고 물건을 사는 소비자들과 암호화폐를 받고서 물건을 내어주는 가게의 점원들을 보고 느끼고 듣다보니 생각이 많아졌습니다. 정확히 말하자면 머릿속에 물음표가 많아졌다는 표현이 정확하겠네요.

2017년 6월 300만원 하던 비트코인 그리고 가치상승으로 인해 2017년 11월 현재 800만원이 넘는 비트코인을 직접 구매하는 것보다는 채굴회사의 지분투자를 하는 것이 더 안전성 면에서도 수익성에서도 더 좋다는 결론을 내렸고, 현재 세계에서 인증된 해외사이트에 등재되어 있어 검증이 된 안전한 채굴회사에 올해 6월부터 지분 투자를 한 상태입니다. 저는 13년 동안 몸담았던 요리사라는 직업이 아닌 이제는 암호화폐 전문가가 되기 위하여 공부하고 시간을 들이고 노력하는 제가 암호화폐 채굴회사에 한 것은 투기가 아닌 투자겠죠.

저는 요리사로서 힘들게 주방에서 땀 흘리며 지냈던 그 13년 이라는 시간들이 무색할 만큼 금전적으로 물질적으로 시간적으로 더 여유 있는 삶을 영위하고 있습니다. 저 뿐만이 아닌 제 주변에 있는 모든 암호화폐와 그 관련 직종에 종사하시는 분들이 모두 그런 삶을 살고 계십니다. 이런 결과에 대한 원인과 근거는 분명히 있겠죠. 우리가 지금 해야 할 일은 4차 산업혁명 즉, 암호화폐에 대한 완벽한 준비라 생각합니다. 저처럼 책과 함께 개념을 잡으시는 것이 중요하다고 봅니다.

Part 4

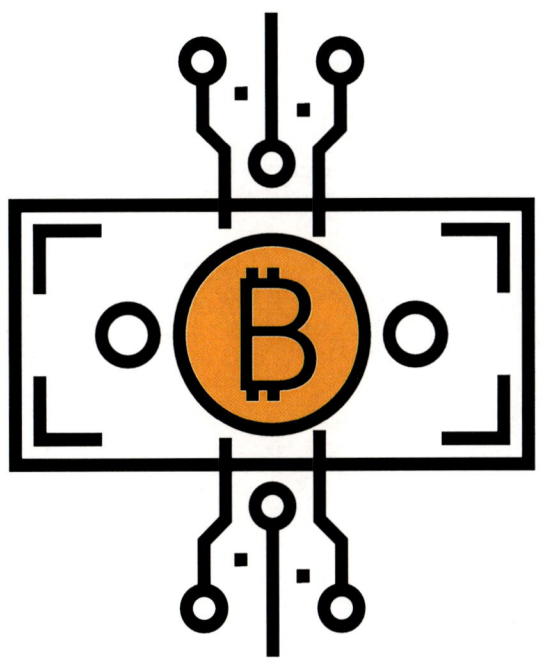

비트코인의 거래와 활용

Part 4

비트코인의 거래와 활용

비트코인 거래는 어떻게?

비트코인 거래에 대해 알아보자. 비트코인 거래(transaction)는 공인키 암호기술에 따라서 작동하는데 거래 참여자들은 비밀키와 공인키를 각각 배정받게 된다. 여기서 비밀키(private key)는 일종의 패스워드와 같고, 공인키(public key)는 전체 네트워크에서 공유가 되는 것이라 생각하면 된다.

비트코인을 소유하고 있는 참여자가 다른 참여자에게 비트코인을 보내면 비로소 거래가 이루어진다. 이때 보내진 비트코인에 부여되는 고유의 식별번호를 '공인키'라고 명명하는데, 비트코인을 받은 참여자는 자신의 비밀키를 이용해 서명과 동시에 비트코인을 확인한다. 여기서 전자서명의 공식[1]은 다음과 같다.

f(비밀키, 거래기록)=전자서명

예를 들어 보겠다.[1]
① 앨리스가 밥에게 1BTC를 보내려고 거래내역과 해시 값을 생성한다.
② 앨리스는 개인키를 이용해 해시 값을 암호화한다.
③ 거래내역과 암호화된 거래내역의 해시 값을 밥에게 전송한다.
④ 밥은 거래내역의 정보로 해시 값을 만들고, 암호화된 해시 값을 앨리스의 공개키로 복호화 한다.
⑤ 생성된 해시 값과 비교하여 무결성을 검증한다.

이러한 거래내역은 모두 네트워크에 공개되므로 모든 참여자들이 '비트코인 소유자의 고유한 식별번호'를 보게 된다. 공식을 한 번 살펴보겠다.

v(전자서명, 거래기록, 공개주소)=참 또는 거짓

비트코인 거래, 간단하지 않은가?
비트코인은 분할[2]이 가능해서 1비트코인 이하의 금액도 거래가 가능하다. 가장 작은 거래단위는 1사토시(satoshi)이고 1BTC의 1억분

---

[1] 이동규, 비트코인의 현황 및 시사점, 한국은행 결제연구팀, 2013
[2] 김홍기, 비트코인 거래의 법적 쟁점과 운용방안, 연세대학교 로스쿨, 2015

의 1크기이다. 즉, 0.00000001BTC인 셈이다. 자, 그러면 이제 비트코인을 거래해보자.

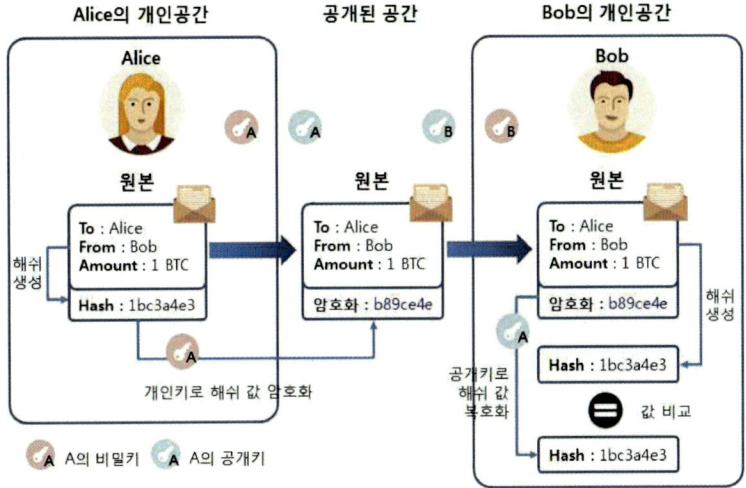

출처: 금융보안원 보안연구부 보안기술팀, 블록체인 및 비트코인 보안 기술, 2015.11.23.

궁금증해결
단도직입적으로 묻겠습니다. 비트코인은 사기 아닌가요?

> 2017년 11월 기준 암호화폐 시장의 거래규모는 하루 5조원을 넘어 이미 코스닥보다 큰 수준으로 성장하였습니다. 비트코인 가격의 급등락은 투자자금이 한 번에 몰려들면서 생겨나는 어쩔 수없는 현상입니다. 이 때문에 투기나 사기로 오해하는 사람들도 있지만 주식이나 부동산 등 어떠한 투자도 위험성과 수익성을 동시에 갖고 있기에 불안하고 불완전하다고 할 수 있습니다.
> 하지만 비트코인이 사기라면 미국을 비롯한 일본, 독일, 영국 등 선진국들은 왜 비트코인의 제도적 정착과 블록체인기술을 앞 다투어 정비하려 할까요?

비트코인과 블록체인의 연계

비트코인 시스템은 특정 거래가 언제 이루어졌는지를 확정하기 위해 블록체인을 사용한다. 이때 비트코인과 블록체인이 연계되는 것인데 블록체인은 10분 동안의 거래기록을 포함하는 블록들을 시간 순서대로 연결한 것이다. 모든 비트코인 거래기록을 담고 있는 일종의 장부이다.

참여자들은 블록이 생성되면 동일한 블록에 포함된 거래들을 동일한 시각에 거래가 된 것으로 생각한다. 참, 여기서 굉장히 중요한 사실이 있다. 비트코인 시스템은 블록체인이 여러 개 있을 때 더 긴 블록체인을 인정한다고 한다. 이것은 이중지불을 방지하기 위한 시스템인데, 기존의 블록체인보다 더 긴 블록체인을 만들기 위해서는 더 많은 시간과 컴퓨팅 파워를 필요로 한다. 이 때문에 해킹은 더 어려워진다[3].

앞서 말했듯이 비트코인은 블록체인 기술을 실용화한 최초의 응용사례이다. 블록체인 기술은 기존의 중개기관의 장부를 대체하고 '분산된 공개장부(distributed public ledger)'의 역할을 하는 혁신적인 기술이다. 이러한 분산구조는 개별거래를 프로그램화(programmable transaction)[4]한다.

블록체인이 연계된 비트코인은 어떠한 장점이 있을까?

첫째, 블록체인 기술을 도입하면 자료를 중앙 데이터베이스에 저장하는 것보다 보안성이 높아진다. 이는 블록체인의 분산구조 덕분이다.

둘째, 블록체인은 정보를 공개하므로 투명성을 갖는다. 모든 참여자들에게 장부를 공유하고 있기 때문이다.

셋째, 블록체인의 분산구조는 데이터 보관의 잠재적 위험성을 낮춰 안정성을 확보한다. 일부 시스템에 오류 또는 성능저하가 발생하더라도 전체 네트워크에는 타격이 적다는 것인데, 만약 타격이 있다 하더라도 쉽게 복구가 가능하다.

---

[3] 이동규, 비트코인의 현황 및 시사점, 한국은행 결제연구팀, 2013
[4] 코빗, 블록체인의 기술적 이해 및 도입을 위한 첫걸음, 2016.03.24.

넷째, 블록체인은 복잡한 거래 기록의 관리와 추적이 용이하다. 게다가 개별 트랜잭션에 프로그램을 입힐 수도 있다고 하니 참으로 유용한 기술이 아닐 수 없다.

궁금증해결
스마트 계약이란 무엇인가요?

컴퓨터 코드로 입력된 계약 내용에 있는 특정 조건들을 충족시키면 자동적으로 계약이 진행되는 것을 스마트 계약이라고 부릅니다. 사전에 분산원장에 계약 내용과 실행 조건 등을 저장하여 이러한 계약이 가능하게 됩니다. 스마트 계약을 이용하면 계약 성립까지 걸리는 시간을 획기적으로 단축시킬 수 있습니다.

비트코인의 안전성

비트코인은 블록체인을 기반으로 안전성을 확보하고 있다. 이는 블록체인의 분산원장 기술(Distributed Ledger) 덕분인데, 지금부터 이 분산원장 기술에 대해 알아보겠다.

분산원장 기술은 비트코인 외에도 송금, 증권 발행 등 금융 서비스 전반에 적용이 가능하다. 이 기술은 거래정보를 기록한 원장을 P2P(Peer-to-Peer) 네트워크에 분산하여 참가자가 공동으로 기록하고 관리하는 기술을 의미[5]한다.

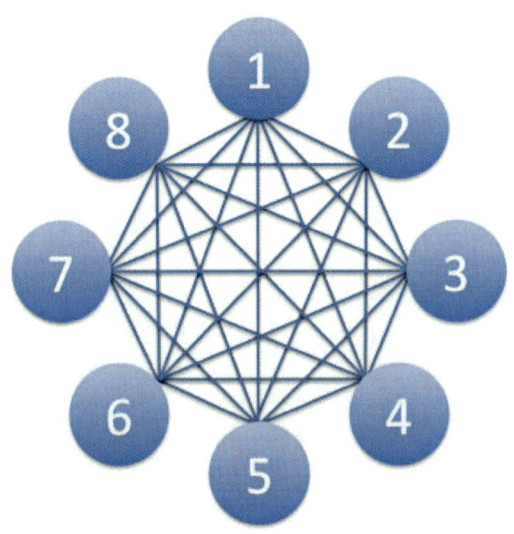

출처: P2P 네트워크 모델, 김동섭, 분산원장 기술과 디지털통화의 현황 및 시사점, 한국은행 금융결제국, 2016.1

비트코인이 등장하기 전까지는 이러한 분산원장 기술을 금융 분야에 적용하지 못했다. 그 이유는 거래 조작의 가능성을 차단하면서 원장을 갱신할 수 있는 합의(Consensus) 절차를 마련하지 못했기 때문이다. 아무리 좋은 기술도 건전한 합의가 없다면 쓸 수 없다는 결론이 나온다.[5]

이와 마찬가지로 블록체인이 안정성을 지속적으로 유지하기 위해서는 전제조건이 필요하다. 그것은 바로 채굴에 참여하는 참가자가

---

[5] 김동섭, 분산원장 기술과 디지털통화의 현황 및 시사점, 한국은행 금융결제국, 2016.1

선량한 다수여야 한다는 것이다. 만약 악의적인 공격자가 네트워크 전체 연산능력의 50%이상을 차지할 경우, 해킹과 조작이 가능하기 때문이다. 그러니 비트코인의 안전성은 우리 모두에게 달려있다는 사실을 잊지 말자!

궁금증해결
다른 사람에게 송금을 잘못하면 어떻게 되나요?

> 비트코인의 송금은 30문자에 이르는 임의의 숫자인 고유 주소로 송금하기 때문에 해당 사용자가 누구인지 직접 연결할 수가 없습니다. 따라서 거래 익명성 보장 때문에 송금을 잘못할 경우 누구에게도 도움을 받을 수 없습니다.

각국 화폐와 교환은 어떻게?

비트코인은 전 세계적으로 거래가 이뤄지면서 달러나 원화 등 16개국의 화폐로 환전이 된다. 또 반대로 화폐를 비트코인으로 환전하는 것도 가능[6]하다.

---

[6] 유병철, 기존 화폐제도를 위협하는 디지털 가상화폐 '비트코인', 머니위크, vol. 129, 2013.10

통상적으로 각국의 비트코인 사용자들이 본국의 거래소를 통해 자국 통화로 출금을 할 경우 자동으로 환전이 가능한데, 최근에는 거래소를 통하지 않고도 환전이 가능해졌다. 예를 들면 우리나라에서는 최근 KB국민카드 포인트를 비트코인으로 환전하는 서비스가 도입되었는데, 이는 포인트를 비트코인으로 전환한 뒤 ATM기기에서 현금으로 인출하거나, 은행 계좌로 현금을 송금[7]할 수 있게 만든 서비스이다.

또한 일본의 비트코인 거래소 '코인체크'를 운영하는 레쥬프레스(レジュプレス)는 비자 선불카드에 비트코인을 엔화로 환전 및 입금해서 사용할 수 있는 서비스를 시작[8]했다.

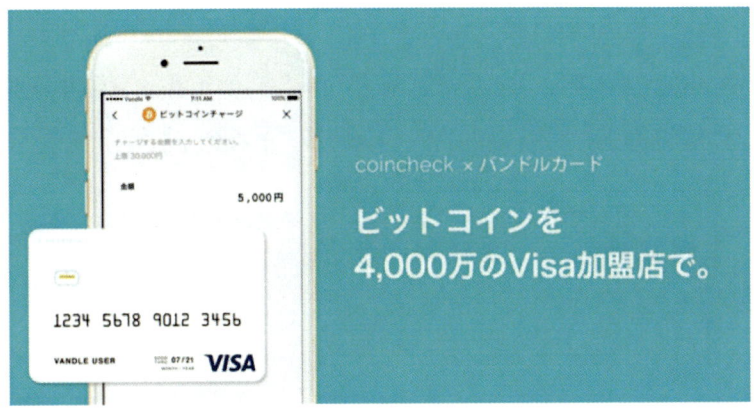

출처: 일본 레쥬프레스사의 비트코인 환전이 가능한 비자선불카드 및 모바일 앱 (https://prtimes.jp/main/html/rd/p/000000002.000021553.html)

---

[7] 장우정, KB국민카드 포인트 비트코인으로 바꿔 현금처럼 쓴다. 조선비즈, 2017.02.23.
[8] 황형규, 日 비트코인으로 전기료 내고 결제가능 상점 2500곳, 매일경제, 2016.11.04.

만약 비트코인을 통해 달러를 원화로 바꾸려면 어떻게 해야 할까?

미국 계좌에 있는 달러를 우리나라 원화로 환전하려면, 미국의 비트코인 거래소에서 비트코인을 매수한 뒤 그 비트코인을 우리나라 비트코인 거래소로 전송해서 원화로 매도한 후, 원화 그대로 출금신청을 하면 된다. 최근에는 비트코인 선불 비자카드를 통해 국내에서도 미국 달러로 비트코인 출금이 가능하다. 이처럼 환전과 같은 실생활에도 편리하게 활용할 수 있다.

하지만 이런 편리함이 가져다주는 부작용도 간과해서는 안 된다. 최근 중국에서는 비트코인 거래를 통해 위안을 달러로 환전하는 사례가 급증함에 따라, 중국정부가 2017년 1월 말부터 비트코인 환전에 대해 수수료를 부과[9]하기 시작했다. 거래소 9곳 중 7곳에 0.2%의 수수료를 부과하도록 하였고, 추후 수수료가 늘어날 가능성도 배제할 수 없다. 전 세계에서 비트코인 환전이 자유로워진 만큼 각국의 규제도 점차 늘어날 조짐이 역력하니 유의해야 할 필요가 있다.

---

[9] 방수호, 중국 앞으로 비트코인 환전 시 거래수수료 0.2% 부과, 보드나라, 2017.02.13.

궁금증해결
비트코인을 해외에도 송금할 수 있나요?

비트코인으로 해외 송금이 가능합니다. 센트비, 블루팬 등 해외 송금 업체를 활용하거나 빗썸, 코인원 등의 비트코인 거래소를 이용하면 됩니다. 해외 송금 업체에 회원 가입 후 수신 국가와 수신자 이름, 수신 계좌를 적고 송금액을 원화로 입금하면 됩니다. 이후 해외 송금 업체에서 송금액만큼 비트코인을 거래소에서 구입해 API 시스템을 통해 상대 국가의 파트너에게 송금합니다. 또 비트코인 거래소에서 회원 가입 후 비트코인을 구입하여 상대방 전자 지갑으로 송금하면 해외송금이 완료됩니다.

비트코인과 세금[10]

비트코인에도 세금이 부과되나? 가장 많이 받는 질문중 하나다. 이제부터 비트코인의 과세문제에 대해 살펴보도록 하겠다.

만약 비트코인이 소득세법상 사업소득으로 간주된다면 재고자산으로서 회계 처리하는 것이 마땅하다. 하지만 사업자가 비트코인을 거래할 때 지불수단으로 사용한다면, 상품이나 재고자산에 해당하지 않기에 소득세법을 적용할 수 없게 된다. 그에 대한 별도의 규정은 마련되지 않은 상태이다.

만일 비트코인을 양도한다면 어떻게 될까? 우리나라에서는 특정

---

[10] 홍도현·김병일, 가상통화에 대한 과세문제, 조세연구, 15(1), 2015.04

자산을 양도할 때 양도소득세를 부과한다. 여기서 말한 특정자산이란 토지·건물, 지상권 등 부동산에 관한 권리, 일정 범위의 주식 또는 출자지분, 특정주식, 골프회원권 등 특정시설물 이용권, 사업용 고정자산, 양도하는 영업권 등이 있다. 하지만 아직까지는 비트코인이 이 특정자산의 범주에 들어가는지 여부는 정확히 알 수 없다.

기타소득도 마찬가지이다. 비트코인이 저작권에 해당된다면 저작권료 등 사용료가 저작자 이외의 자에게 귀속될 때 기타소득에 해당한다고 볼 수 있지만, 비트코인에 대해서는 아직 명확한 정부의 입장을 알 수 없으므로 어떠한 판단도 내릴 수가 없다. 비트코인에 세금이 어떻게 부과될지는 조금 더 기다려봐야 할 것 같다.

궁금증해결
비트코인 수익, 세금 신고 안 해도 되나요?

화폐인지, 재화인지 결론 안나 정책 당국이 암호화폐의 성격을 규정해야 과세 여부도 결정되지만 암호화폐를 화폐로 인정하면 암호화폐 거래에는 세금이 부과되지 않는다. 아직까지는 과세당국인 국세청은 "비트코인이 화폐로써 통용되는 경우에는 부가가치세 과세대상에 포함되지 않지만, 재산적 가치가 있는 재화로서 거래되는 경우에는 부가가치세 과세 대상에 해당한다"는 원론적인 수준의 입장만 밝혔습니다. 즉, 과세 대상인지 아닌지에 대해 법령이 정해지지 않았기 때문입니다.

궁금증해결

추후에 법령이 제정돼 암호화폐가 과세 대상이 되면 그동안 번 돈에 대해 소급해서 세금을 내야할 가능성은 없나?

아직까지 소급해서 적용한 사례는 없습니다. 그러니 크게 걱정을 안 해도 됩니다. 하지만 향후 당국이 비트코인을 어떻게 보느냐에 따라서 과세여부는 결정될 것 같습니다. 박용진 더불어민주당 의원은 국내에서 암호화폐 거래 등 관련 영업활동을 할 때 인가를 받도록 하는 금융전자거래법 개정안을 내놓았고 비트코인 등 암호화폐 거래인가제 도입하여 양도세부과를 추진한다고 합니다.

비트코인 해외송금 및 관련사례

은행에서 이루어지는 해외송금은 국제은행간통신협회(SWIFT)를 통해 결제된다. SWIFT는 금융기관간의 거래정보를 전송하는 국제 결제망을 운영하는 곳으로서, 수수료를 부과[11]하고 있다.

이에 반해 블록체인 기술은 중개기관 없이 상호간의 거래가 이루어지기 때문에, 앞서 말한 수수료가 절감 된다. 최근 일본의 미쓰비시도쿄UFJ은행은 미국의 비트코인 거래소인 코인베이스(Coinbase)와 함께 비트코인을 활용한 해외송금 체계를 개발하기로 합의했다. 아래 여러 사례를 통해서 비트코인 해외송금 시스템에 대해 살펴보자.

---

[11] 주간금융브리프, 비트코인을 활용한 해외송금 체계 구축 : 일본 미쓰비시도쿄UFJ은행, 25권 29호, 2016.07.23.

비트코인으로 국가 간의 송금 거래[12]를 자유롭게 할 수 있다. 이러한 장점을 이용해 해외 여러 기업 및 단체에서는 송금 서비스를 실시하고 있다. 케냐의 예를 들어보자면, 케냐의 비트코인 송금서비스 'BitPesa'는 아프리카 내에서 비트코인 해외송금 서비스를 실시하고 있는데 수수료율이 송금액의 3% 정도이고, 환율적용이 아닌 비트코인 시세로만 적용된다는 장점이 있다. 필리핀의 'Rebit'은 수취자가 비트코인을 이용한 송금이라는 사실을 알지 못한 채, 은행계좌 혹은 현지 화폐인 페소화를 현금으로 수취 가능하다고 한다. 환율은 비트코인 대 페소화간 환율을 적용한다.

---

[12] 신정빈, 글로벌 송금 분야의 니치마켓을 선도하는 핀테크 기업들, 신한은행, 2015.10

요즘은 비트코인의 블록체인 기술을 활용한 낮은 수수료의 해외송금이 인기라는데, 비트코인을 활용한 해외송금 및 환전 시스템에 대해 정리해 보겠다. 고객이 비트코인 송금업체에 원화를 입금하면, 국내 비트코인 거래소에서 원화 현금이 비트코인으로 환전된다. 그러고 나서 비트코인을 블록체인망을 통해 해외 국가로 보내면, 해당 국가의 비트코인 거래소에서 현지 통화로 환전해서 고객에게 전달[13]한다.

비트코인 국내 외 해킹 사건 및 사고

2014년 11월 11일, 국내에서 첫 해킹 사고가 일어났다. 비트코인 거래소인 비트코어 웹 사이트가 접속되지 않았고 고객들이 비트코인

---

[13] 조권형, 더 간편하고 더 저렴하게...판 커지는 해외송금, 서울경제, 2017.01.15.

을 잃어버린 사건14이었는데, 평소 안전하다고 믿어 온 비트코인의 해킹 사건을 두고 경찰들도 별다른 수사성과를 내지 못했다.

해외에서는 훨씬 이전부터 해킹사고가 수차례 일어났었는데 2011년 6월 도쿄 비트코인 거래소 마운트곡스에서 875만 달러의 피해가 발생한 사건, 2013년 비트코인 지갑서비스인 InstaWallet이 해킹으로 460만 달러 규모의 손실 발생, 같은 해 11월에는 온라인 암거래 시장인 Sheep Market Place에서 1억 달러 규모의 비트코인이 도난을 당해 폐쇄되는 등 여러 사건들이 있었다. 2014년 2월, 도쿄 비트코인 거래소 마운트곡스는 또 다시 4.7억 달러 상당의 비트코인 도난을 당한 후 파산했으며, 2016년 8월에는 홍콩 비트코인 거래소 '비트피넥스'가 해킹 사고로 6,500만 달러 규모의 손실을 입었다.

이처럼 열거하기도 힘들 정도로 사건사고가 많았는데 해킹사고의 발생 원인은 암호화키의 불법적 탈취와 관리기관의 부재, 온라인거래소 내부자의 비도덕적 행위 등을 이유로 꼽을 수 있겠다. 이에 따라 최근 주요 금융기관들은 사설 블록체인을 도입하고 있다. 이 사설 블록체인은 네트워크에 특정 참가자만 참여하도록 제한하여 보안성을 제고하는 시스템이라고 한다.

우리나라에서는 삼성이 대표적으로 해당 시스템을 도입할 예정15이며, 삼성그룹의 계열사인 삼성생명, 삼성화재, 삼성증권, 삼성카드 등만 제한적으로 참여하는 형태의 블록체인 시스템을 선보일 계획이

---

14 김영원, 국내 첫 비트코인 해킹 사례 발생, 코리아헤럴드, 2014.12.08
15 김남규, 비트코인 부정적 시각 커져…보안책 마련 시급, iT 조선, 2016.12.25.

라고 한다. 또 대구은행에서는 비트코인 해킹을 막기 위한 블록체인 기술개발을 한국IBM과 공동으로 진행 중[16]이라고 하니, 앞으로 보다 안정적이며 향상된 비트코인의 행보가 기대된다.

유사수신과 폰지사기 사건 및 사고

국내에서도 비트코인과 관련된 유사수신[17] 사건이 있었다. 유사수신 업체의 특징은 두 가지로 나뉘는데, 첫 번째 피해사례를 보면 주식상장을 미끼로 비상장주식에 투자를 권유하면서 비트코인을 활용한 수법이다.

K업체는 지인에게 환전 수수료를 아끼는 방법을 연구하다가 비트코인 헤지 시스템을 개발했다며 투자를 유인해서 사기를 친 사건이 있었다. 이 사업에 투자하면 무조건 수 십 배의 수익을 낼 수 있다고 거짓말을 하였으며, 10~14주간 매주 수당을 지급하는 다단계 형식이라고 속였다.

두 번째 피해사례는 최근 비트코인이 사용되고 있는 경우를 예로 들면서 우리나라에서 최초로 개발된 코인이라고 주장하는 수법이다. 이 경우 코인의 희소성을 강조하면서 가격이 계속 상승하여 엄청난 수익을 거둘 것이라고 투자자를 현혹한다. 사례를 보면 비트코인을

---

[16] 박세인, DGB대구은행 한국IBM과 '비트코인' 해킹 막는 블록체인 기술 업무협약, 파이낸셜뉴스, 2016.11.07.
[17] 금융감독원, 최근 유사수신 혐의업체의 특징과 소비자 유의사항, 2016.08.09.

모방한 전자지갑의 형태로 이루어진 U코인이라고 하면서, 환금성과 넓은 사용성의 장점만을 가진 공신력 있는 코인이라고 선전하여 사기를 친 사건이 있었다. 또 C업체는 모바일 시대가 열렸다하여 무료로 홍보를 해주고 상품권을 할인해 구매할 수 있으며, 각종 공과금을 낼 수 있는 코인이라고 속여서 불법으로 투자자를 모집했다.

미국에서도 비트코인을 대상으로 한 폰지사기 사례가 있었다. 비트코인 세이빙 앤드 트러스트 창업자인 트렌든 쉐이버스는 투자자들에게 최고 3,000%가 넘는 수익을 돌려준다고 거짓말로 속여서 76만 4,000비트코인을 받아 챙겼다. 그는 투자자들에게 이윤을 돌려주지 않고 계속해서 투자자를 모집하였으며 비트코인을 돌려막기 식으로 지급하여 투자자들을 안심시켰다. 한때 전체 비트코인 거래량의 7%를 소유했던 쉐이버스는 사기 혐의로 20년형을 선고받은 것으로 알려졌다. 이 사건으로 인해 미국 정부는 비트코인 거래에 대한 과세정책을 수립하기도 했다. 이에 따라 텍사스주 연방법원은 비트코인을 화폐로 간주해서 규제의 근거를 마련했다.

궁금증해결
왜 우리나라는 비트코인에 대해 부정적일까요?

정부가 처음으로 암호화폐 시장에 대한 '규제의 칼'을 빼 들었으나 규제의 칼날이 암호화폐나 암호화폐 거래소를 직접 향하지는 않았습니다. 암호화폐 거래소와 거래하는 은행들에 실명인증 의무를 부여해 암호화폐가 불법거래나 자금세탁에 악용되는 것에 주목했기 때문에 부정적이라 볼 수 있습니다. 유사수신행위 외에 '암호화폐 거래 행위' 등에 대해서도 규율 체계를 마련할 계획이라고 합니다. 하지만 일본과는 다른 길을 가는 것이 다소 아쉽습니다.
아직 암호화폐에 대한 법적 정의조차 불분명한 게 현재 중앙정부의 인식 수준이기 때문입니다.

비트코인 투자자에 대한 조언

비트코인의 가치가 급등하고 거래량이 늘어남에 따라 투자자들의 피해가 속출하고 있다. 특히 2016년에는 암호화폐 등을 사칭한 유사수신 관련 신고 건수가 급증하였는데, 이러한 위험에서 안전하려면 어떻게 해야 할까?

첫째, 아무도 믿지 마라! 비트코인에 대해서 철저하게 공부하라. 잘 모르고 무턱대고 투자에 뛰어든 사람들이 대부분 비트코인을 대상으로 한 사기사건에 휘말렸다. 사기수법은 갈수록 교묘하게 첨단화 시스템을 도입하여 지능적이 되어가고 있다. 정부의 핀테크 육성 정책 등을 빙자해서 암호화폐, 금융업을 사칭하는 수법은 날로 진화하고 있다. 별도의 인가를 받지 않았고 등록되지 않았음에도, 마치 금융거래를 할 수 있는 것처럼 유도하는 업체는 다방면으로 뜯어보고 살펴봐야 한다.

둘째, 투자는 하이리스크 하이리턴이다. 실제로 본인이 열심히 공부해서 비트코인 투자를 시작한다고 해도, 가격 변동성이 워낙 크기 때문에 언제 어떠한 이유로 비트코인의 가격이 요동칠지 모른다. 주식과 똑같거나 그보다 더 변동성이 크다고 생각해야 마음이 편해진다. 아무런 위험이 없다면 아무런 수익도 없을 것이다. 투자의 기본은 언제나 변함이 없다. 큰 위험에는 큰 수익이 따른다는 진리를 꼭 기억하자.

셋째, 일희일비(一喜一悲)하지 마라. 비트코인 가격 변동에 일희일비해서는 안 된다. 비트코인의 발행량은 정해져 있고 발행시기 또한 한정되어 있다. 따라서 만약 장기투자를 목적으로 비트코인을 보유하고 있다면 급할 것이 없다. 왜냐하면 갑작스러운 가격 급등락에 좌지우지 되지 않을 것이기 때문이다. 대부분의 사기사건이 단기간에 큰 수익을 올린다고 유인하는 수법인데, 그들의 말처럼 투자는 쉬운 것이 아니다. 따라서 오랜 시간 동안 비트코인의 가치가 올라가는 것을 지켜보는 재미로 투자에 임해야 할 것이다.

월스트리트저널에서는 중국 투자자들이 비트코인 사재기 열풍을 일으키면서 비트코인 가격이 급등하고 있다는 소식을 전했다. 최근 박진호의 시사전망대에서도 이 내용을 다루었으니 내용을 들어보면 금방 이해가 갈 것이다.

보다 자세히 동영상 Tip

SBS [박진호의시사전망대] 금값보다 비싼 '비트코인'…왜 급등할까? 2017.05.20

출처 : SBS 뉴스

원본링크 :
http://news.sbs.co.kr/news/endPage.do?news_id=N1004204844&plink=COPYPASTE&cooper=SBSNEWSEND

궁금증해결
ICO가 뭔가요?

ICO란 Initial Coin Offering 의 약자로 프리세일 , 클라우드펀딩 , IPO 와 유사점과 틀린 점이 있습니다. 코인을 개발, 발행하며 투자자를 모집하는 것을 ICO라고 볼 수 있습니다. 책 《세계미래보고서2030-2050》(저자:박영숙)에 따르면 미래에는 코인 발행을 통한 자금 조달 방식인 ICO(Initial Coin Offering)가 최대의 일자리를 제공해주게 된다고 밝혔습니다. 10-20년 사이에 최대 부상 일자리는 바로 ICO 관련 일자리라 평했습니다. 하지만 2017년 9월 29일 정부가 암호화폐를 이용한 자금 모집 방법인 ICO(Initial Coin Offering)를 전면 금지했습니다. 암호화폐 가능성에 대한 싹을 잘라버리는 일이 아닐까요?

#. 비트코인 사용법 무작정 따라 하기(4)[18]

이번에는 비트코인으로 해외송금을 시도해보자.

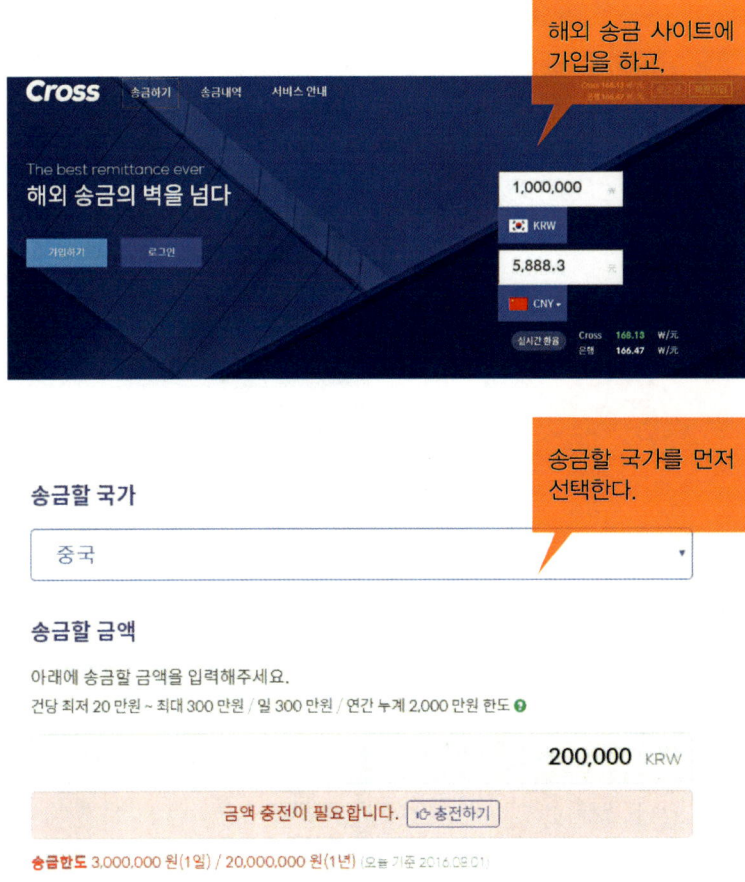

_____

18 네이버블로그(http://cafe.naver.com/turtletrade/151173)

> 송금 수수료가 은행보다 얼마나 더 저렴한지 알려준다.

> 송금할 금액을 충전하고, 표시되는 수수료를 확인한다.

예상 송금액 확인 / 수수료 비교

	Cross		은행송금	
실시간 환율	170.38	/CNY	169.53	/CNY
수수료	2,000	KRW	50,000	KRW
예상 송금액	1162.1	CNY	884.79	CNY

지금 송금하시면 은행보다
47,012 원 더 송금하실 수 있습니다.

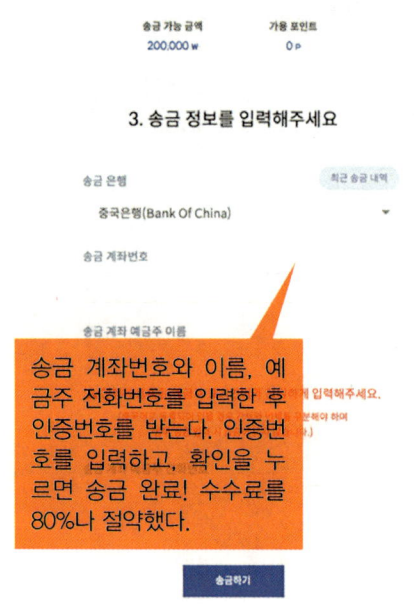

> 송금 계좌번호와 이름, 예금주 전화번호를 입력한 후 인증번호를 받는다. 인증번호를 입력하고, 확인을 누르면 송금 완료! 수수료를 80%나 절약했다.

#. 관련 사이트 도전기(4)

1) 비트코인 지도 사이트(https://coinmap.org)로 이동해보자.

이곳에서는 국내를 포함한 전 세계의 비트코인 사용처가 검색된다.

Easy Add & Edit

Unified Search

Ratings

현재 위치를 설정하면 근처에 있는 비트코인 사용처를 찾아낼 수 있다.

Part 4 비트코인의 거래와 활용

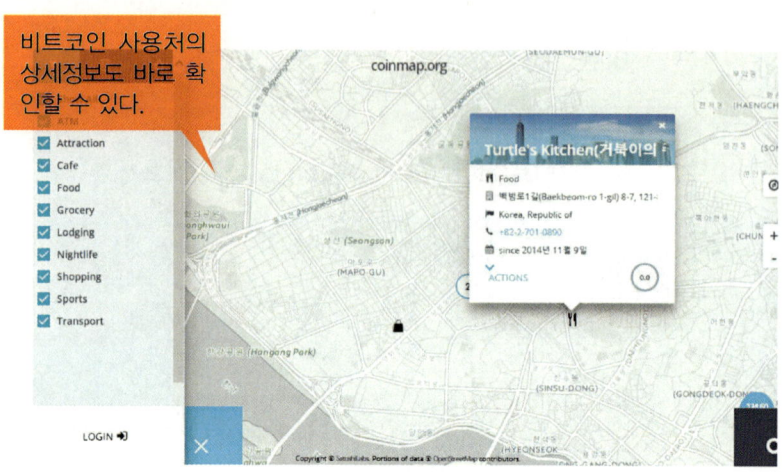

2) 코인데스크 [www.coindesk.com]

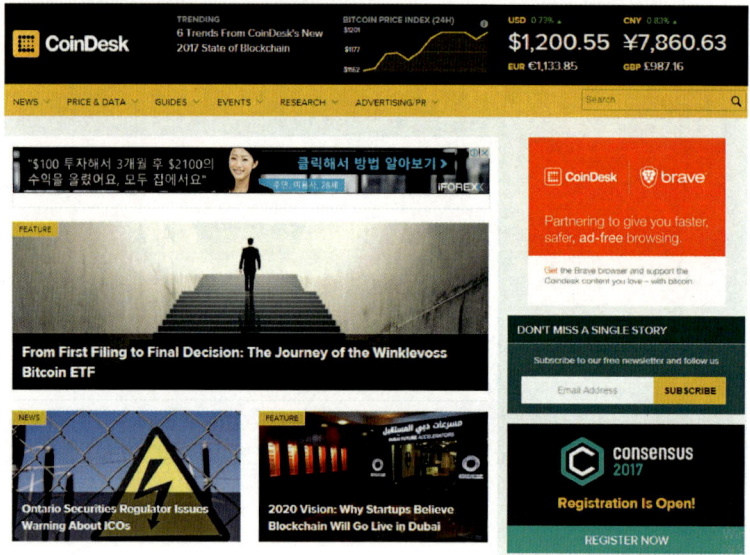

코인데스크는 2013년 만들어졌으며, 비트코인 관련 가이드와 뉴스를

제공한다. 또한 비트코인 가격지수, 비트코인 주요 보고서를 확인할 수 있다.

보다 자세히 **동영상 Tip**

**디지털 화폐 연구자 네하 나룰라 (Neha Narula)
atTED@BCG Paris <화폐의 미래>**
우리가 물건을 매매하는 방식이 바뀌고, 은행과 환전소가 없어도 되는 세상이 온다면 어떨까요?

궁금증해결
한국의 은행권은 암호화폐를 어떻게 보나요?

우리은행, 디지털 화폐 진출하여 '위비코인' 발행한다는 소식이 있습니다. 블록체인 기반 기술 채택한 것으로 보아 은행권은 '블록체인 기술'에 대하여 신뢰성을 가지고 있음을 볼 수 있습니다. 앞으로도 국내은행권들은 이런 기술기반의 금융시스템을 구축할 것으로 보여집니다. 국내은행에선 최초 도입인 만큼 앞으로 디지털 화폐에 대한 전쟁이 거세질 것으로 보여집니다.

나의 비트코인 체험수기

여성자영업자 <이유림>

저는 천안에서 자영업을 하는 사람입니다. 자영업이라는 것이 아침부터 저녁 늦게까지 열심히 일을 해도 좀처럼 생활이 윤택해지지 않아 고민이 많았었습니다. 자식과 제 미래 노후에 대한 걱정이 많았었죠. 이래저래 마음고생을 하고 있던 중 암호화폐에 대한 이야기를 들었습니다. 첫 만남이 빅 코인이었죠. 아는 동생이 비트코인과 같다고 하며 권하여 아무것도 모르면서 그 동생의 말을 믿고 1500만원을 투자하였습니다. 1년 후 1억 정도 되었다는 소리에 잠시나마 행복했습니다. 그러나 그것은 어디까지나 숫자일 뿐, 홈페이지에 접속하기도 힘들고 현금으로 찾기도 어려웠습니다. 지금은 소개를 한 동생은 전화를 받지도 않고 홈페이지는 사라져 막막했습니다.

그 이후 비트코인 채굴투자회사를 알게 되어서 두 번 다시 속지 않으리 하고 컴퓨터로 검색을 하고, 관련된 서적을 찾고 공부하기 시작했습니다. 그때 이용갑 선생님을 만나 강의를 듣고, 책으로 정리해나가면서 투자 가능성을 타진했습니다. 그 후 제 남편에게 같이 가서 들어보자고 권하였습니다. 제 남편은 분석하는 것을 좋아하는지라 확인하고자 같이 가자고 했습니다. 설명회를 다녀온 후 그이가 아무 소리 없이 500만원을 주며 열심히 해보라고 했습니다. 반신반의하며 매일 코인이 내 지갑에 들어오는지를 확인하며 기록을 해 보았습니다. 정말 들어오더라고요. 한 달간 기다리며 들어오는 것을 체크를 했으나 지금은 안하고 있습니다. 확인이라는 것은 꼭 필요하다고 생각합니다.

그러기를 3개월쯤 되었을 무렵 비트코인골드가 들어온다는 공지를 보고 당시 비트코인을 코빗거래소로 옮겨놓았는데 그때 비트코인 가격이 630만원 때였습니다. 그 후 비트코인골드가 들어온다는 시점에 코빗 거래소를 들어가 보니 980만원이 되어 있었습니다. 13일 만에 일어난 것 이지요. 이번에는 모두 매도를 해봤습니다. 정말로 현시세로 현금이 되어 제 통장에 들어오는 것을 보며 행복했습니다.

아직도 매스컴에서 비트코인에 대하여 사기꾼을 구속하는 등 말들이 많이 있습니다만 이러한 사기꾼이 있다는 것은 참다운 곳이 있다는 방증이 아닐까 합니다. 책을 통해서 그리고 강의를 통해서 비트코인에 대한 제대로 된 정보를 알게 해준 '이용갑 선생님'께 감사합니다. 더불어 비트코인은 또 하나의 기회가 아닌가 싶습니다.

Part 5

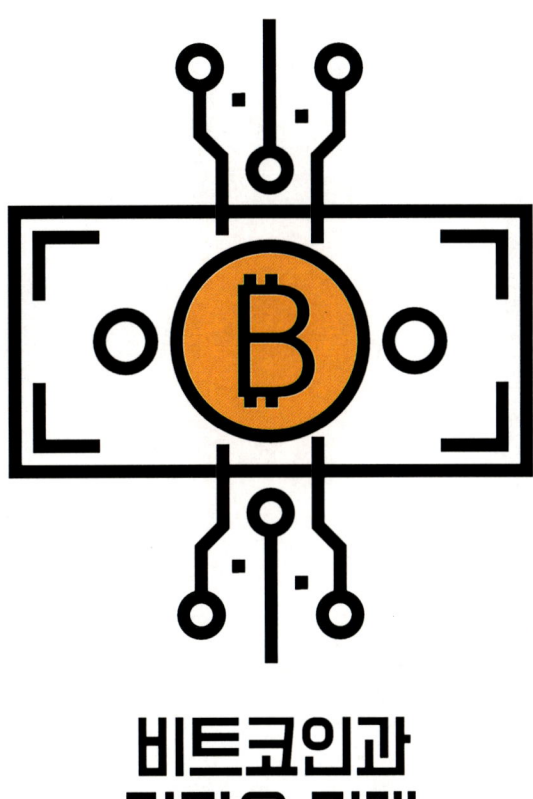

비트코인과 가까운 미래

Part 5

비트코인과 가까운 미래

비트코인의 미래와 전망

비트코인의 미래가 궁금한가? 비트코인의 미래와 전망은 크게 두 가지 관점으로 나뉜다. 낙관론과 비관론이 그것인데, 낙관하는 이유는 최근 핵심 보안기술인 블록체인 기술을 채택하는 금융기관들이 점차 늘고 있고 비트코인 가격이 동반 상승세를 보였기 때문이다. 비트코인 지지자들은 사용자와 거래량이 전 세계적으로 늘어가는 현상을 보고 비트코인의 가치가 상승할 것으로 기대[1]하고 있다.

이와 팽팽하게 반대론자들은 지지자들보다 더 많은 근거를 들어서 자신의 주장을 관철시키고 있다. 반대론자들의 비트코인 전망을 잠시 살펴보자.

---

[1] 권지언, '돌아온 비트코인' 올해 30% 껑충, 뉴스핌, 2015.12.29.

첫째, 비트코인의 불안정성, 비트코인의 수많은 장점에도 불구하고 예상할 수 없는 급락이 일어나는 사태가 투자자들에게 불안감을 조성한다. 반대론자들은 이러한 불안정성이 결제수단(medium of exchange), 가치척도(unit of account), 가치저장(store of value) 등의 기능을 제대로 수행할 수 없게 만든다고 주장한다.

둘째, 비트코인의 구조적인 결함, 반대론자들은 발행 규모가 제한되어 있는 비트코인이 거래의 수단보다 가치 상승의 도구로 사용되고 있다고 주장한다. 이는 디플레이션 유발을 일으킬 수 있으며 경기 침체를 야기할 수 있다고 말한다.

셋째, 분실과 해킹의 위협, 반대론자들은 비트코인의 익명성이 도리어 불법거래와 탈세 수단으로 악용될 여지가 크다고 말한다. 이미 미국에 비트코인을 결제수단으로 받는 마약거래 사이트가 적발되어 폐쇄되기도 했기 때문에 지지자들도 100% 반박할 수 없는 입장이다.

이러한 논쟁에도 어찌됐든 비트코인이 많은 관심을 한 몸에 받고 있다는 것은 사실이다. 관심이 없다면 반대론자들도 없을 테니까. 비트코인이 아직까지는 발행 중에 있고, 어떻게 될 것이라고 섣불리 판단할 시기는 아니다. 비트코인의 미래가 어떤 모습으로 우리를 맞이할 지 기다려보는 게 어떨까?

궁금증해결

비트코인 펀드가 나올까요?

자산운용사에서 비트코인을 펀드에 편입하기로 결정하고, 금융당국에 가능한지여부에 대한 유권해석을 요청 했다는 기사가 2017년 나온바 있습니다. 하지만 아직 금융당국에서는 이에 대해 결정을 내려지는 않았습니다. 어느 시점에는 펀드가 나올 가능성을 배제할 수 없습니다.

비트코인 관련 비즈니스

비대면 금융 서비스에도 비트코인의 블록체인 기술이 적용되어서 관심이 집중되고 있다. 이제는 대출도 블록체인 기술을 통해 비트코인으로 편리하게 실행할 수 있다고 한다.

비트코인 거래소 Krahen은 2013년 10월, 독일의 인터넷 전문은행인 Fidor Banker와 함께 비트코인 대출 서비스를 시작했다. 크라우드 펀딩을 통해 비트코인을 대출해주고 해당 수익을 투자자에게 전달하는 방식을 취한다. 별도의 계좌가 필요 없이 스마트폰으로 바로 대출이 실행[2]된다고 한다.

---

[2] 서정호 · 이대기 · 최공필, 금융업의 블록체인 활용과 정책과제, KIF 금융리포트, 2017.01

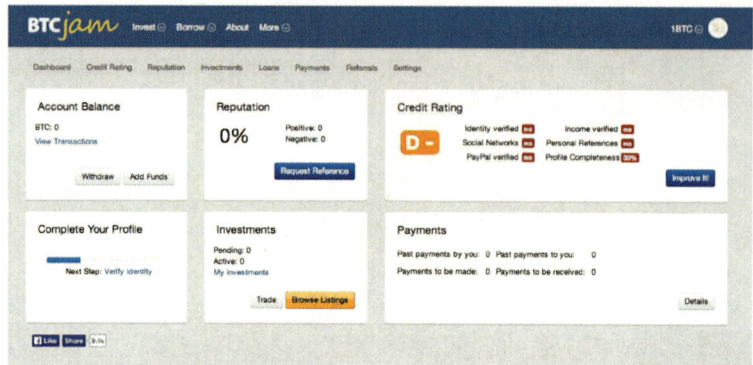

출처: 비트코인 대출화면, 서정호·이대기·최공필, 금융업의 블록체인 활용과 정책과제, KIF 금융리포트, 2017.01

비트코인 대출이 관심을 끄는 이유는 안전성 때문이다. 보이스 피싱 등 대출 사기가 기승을 부리고 있는 요즘, 비트코인이 대출 사기 문제를 줄일 수 있는 강력한 대안이라고 한다. 게다가 사기를 막는 비용까지도 절감할 수 있다.

컬러드코인(Colored-coin) 방식으로 증서와 소유권을 저장하기 때문에 복제 방지, 보안강화, 투명성 제고 측면에서 따라올 자가 없다. 여기서 컬러드코인이란, 비트코인 블록체인을 사용해 현물자산을 디지털 형태로 표현하는 자산 발행 레이어를 의미한다. 국내에서도 '페이게이트'라는 업체가 유사한 대출 서비스를 시작했다고 하니 우리나라에서도 비트코인 대출을 받을 수 있는 날이 머지않은 것 같다.

무엇보다 직업적으로 진로를 결정할 때, 미래를 고민해봐야겠습니다. 특히 우리나라의 청소년들은 토머스 프레이의 미래학 강연을 유심하게 시청하길 권합니다. 청소년 뿐 아니라 기성세대역시 마찬가지로 아래 QR코드로 시청해 봅시다. 앞으로 변화하는 시대에 우리 자녀들에게 어떤 직업을 선택하게 해줄 것인지 고민해야 할 것입니다. 준비되지 않은 미래는 재앙이기 때문입니다.

보다 자세히 **동영상 Tip**

토마스프레이 미래직업 kbs <오늘미래를 말하다>
'오늘 미래를 만나다'에서 "소프트웨어, 3D 프린터, 드론, 무인자동차까지 지금부터 인류는 역사상 가장 큰 변화를 겪을 것"이라며 가상화폐 전문가에 대한 직업을 예견했습니다.

비트코인의 가치평가

화폐로써의 역할보다는 시세차이로 인한 이익이 커서 투자 상품으로 간주되기도 하며, 비트코인은 거래 추적이 어렵기 때문에 암시장의 결제수단과 자금세탁수단으로 악용될 수 있다는 우려도 나온다.

비트코인은 금이나 은과 달리 아무런 내재가치(intrinsic value)가 없다[3]. 이 내재가치란 무엇일까? 우선 가격과 가치의 차이점을 살펴보자. 가격은 시장에서 형성된 거래가격을 말하고, 가치는 사실에 입각한 평가액[4]을 말한다. 여기서 가치란 세 가지 종류로 나뉘는데 이 세 가지는 시장가치, 내재가치, 투자가치로 구성된다. 시장가치는 시

---

[3] 이창선, 비트코인의 확산 현황과 미래, 한국상장회사협의회, 2014.01
[4] 한국금융연구원, 기업가치평가실무

장의 수요와 공급에 의해서 결정되는 가치를 말하고, 내재가치는 이론적 평가모형을 통해서 산출되는 가치를 뜻한다. 투자가치는 투자자의 입장을 반영해서 산출한다.

비트코인의 가치는 사람들 사이에서 비트코인이 화폐로써 인정되고, 통용될 것이라는 믿음에 근거한 것이라고 볼 수 있다. 따라서 비트코인에 대한 믿음과 관심이 어느 정도냐에 따라 가치는 오를 수도 있고 떨어질 수도 있다.

이제부터 비트코인의 가치적 역사[5]에 대해서 살펴보겠다. 그동안 비트코인의 가치는 어떻게 변해 왔을까?

비트코인은 2013년부터 그 가치가 가파르게 올랐다. 그전까지는 거의 변화가 없었다. 2009년 10월 5일에 최초로 교환가치가 만들어진 이래, 2010년 5월 22일에 최초로 비트코인과 현물간의 거래가 이루어졌다. 그 당시에 10,000개의 비트코인(10,000 BTC)으로 피자 2판이 거래됐다고 한다. 당시의 41달러의 가치였던 10,000 BTC이 지금으로 치면 한화로 31억 정도라니 그 피자가게 주인이 비트코인을 팔지 않고 갖고 있었다면, 어마어마한 수익을 거뒀을 것이다.

2011년 2월에는 1 BTC가 1달러가 되었고, 2012년부터 가치가 꾸준히 상승하다가 2013년 2월 28일 이후로 비트코인은 266달러까지 급등하기 시작했다. 2014년에는 급등락이 반복되었고, 2015년 1월

---

[5] 양희성·권영미, 인터넷 화폐 – 비트코인 동향, 한국멀티미디어학회지 제19 제1호, 2015.03

7일 대형 비트코인거래소인 비트스탬프에서 해킹으로 인한 비트코인 분실이 발생했다. 이 사건으로 인해 비트코인의 가치는 270달러 수준에서 170달러까지 하락했다.

그 후 2017년 도널드 트럼프 미국 대통령 새 정부 출범으로, 금융산업규제를 완화한다는 정책에 힘입어 비트코인의 활용도 역시 높아질 것을 기대하는 전문가들의 예상 덕분에 비트코인의 가치는 연일 급등하고 있다. 2017년 초, 1,000달러를 넘어섰으며 마이크로소프트(MS), 서브웨이 등이 비트코인을 결제 통화로 사용[6]한 바 있다. 앞으로 비트코인의 가치가 얼마나 더 오를지 주목된다.

궁금증해결
비트코인의 찬반구도는 어떻게 되나요?

오일머니로 일어선 사우디아라비아의 억만장자 투자가 알왈리드 빈탈랄 왕자가 대표적 암호화폐인 비트코인을 정면 부정하면서 비판 구도에 섰습니다. 억만장자 투자가 워렌 버핏은 비트코인 시장이 버블 영토에 있다고 믿는 사람들의 편에 섰습니다. 반면 페이팔 창업자는 비트코인이 '돈과 같은 가치'를 가지고 있다고 주장합니다. 또한 스티브잡스나 빌게이츠는 비트코인이나 다른 암호화폐 하나라도 빨리 잡으라고 말했습니다. 비트코인의 찬반구도는 점차 가열양상입니다.

---

[6] 임채연, [글로벌 J카페] 트럼프 랠리에 가상화폐도 뛴다. 3년래 최고치 찍은 비트코인. 중앙일보. 2017.02.24.

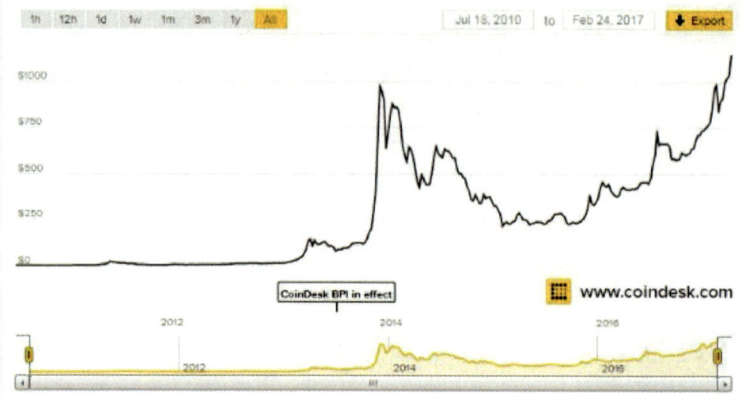

출처: 비트코인 가격 추이, 임채연, [글로벌 카페] 트럼프 랠리에 가상화폐도 뛴다, 3년래 최고치 찍은 비트코인, 중앙일보, 2017.02.24.

달러와 비트코인

최근에는 비트코인 거래가 다양한 통화를 매개로 이루어지고 있다. 주로 거래되는 통화는 호주달러, 영국 파운드, 중국 위안, 유로, 뉴질랜드 달러, 러시아 루블, 미국 달러 등이며, 앞서 말했듯이 아르헨티나는 인플레이션에 대비해 비트코인에 대한 투자를 시작[7]했다.

2016년 7월 기준, 전 세계 비트코인 거래소에서 거래되는 통화 중 94%가 위안이며, 4.8%가 미국 달러라고 한다. 나머지 통화들은 1% 미만인데, 왜 달러가 중요한 것일까? 일반적으로 비트코인과 교환되

---

[7] 지인엽 · 전광명, 가상화폐와 인플레이션 헤지: 비트코인 사례, 정보통신정책연구 제23권 제3호, 2016.09

는 현물화폐는 거래소 소재지의 국적통화가 주축이 되어야하지만, 국제 거래소 거래는 미국 달러를 매개로 거래가 되고 있기 때문이다. 제 1대 기축통화의 영향력이란 참 막강하다.

달러는 다른 역할도 하고 있다. 블록체인을 통하는 거래들(온체인 거래)과 블록체인을 통하지 않는 거래들(오프체인 거래)의 비중 변화를 볼 때, 달러를 기준으로 삼는 것이 그것이다. 하나의 거래가 블록

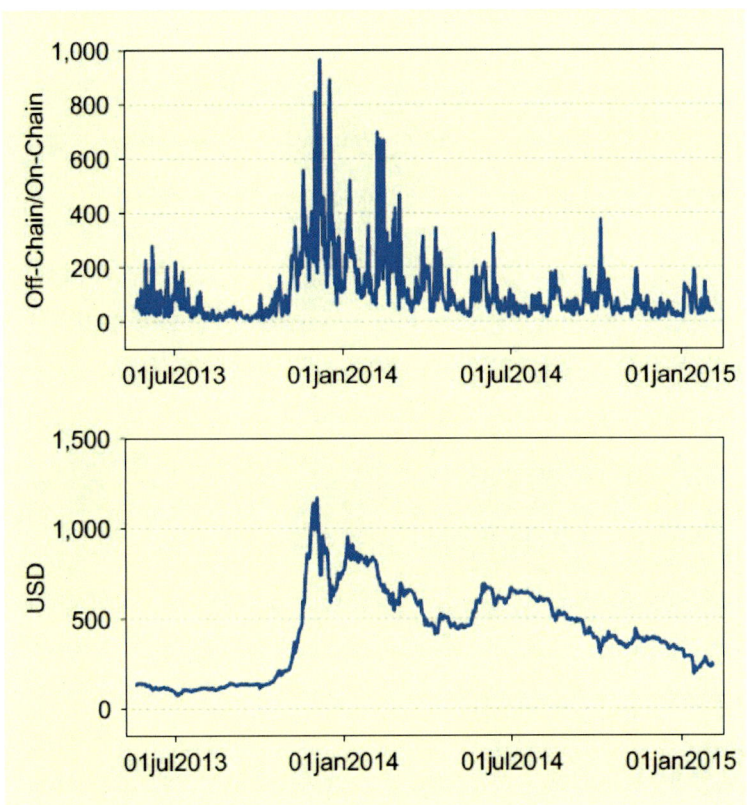

출처: 오프/온체인 거래비중 및 달러화 가치 변동 추이, 신상화, 비트코인의 발전 현황과 정책적 시사점, 재정포럼 현안분석, 2015.05

체인에서 확인되려면 10분 이상 소요되고, 추가로 더 안전한 거래를 하려면 50분이 소요될 때도 있다. 이러한 단점 때문에 비트코인 관련 산업의 많은 부분이 블록체인을 거치지 않는 별도의 장부를 이용하기도 하는데, 이 오프체인 거래의 가장 큰 비중을 차지하는 것이 비트코인 거래소들(Exchanges)의 거래이다. 이때 미국 달러와 비트코인 간 매매를 중개하는 거래소들의 일별 거래량을 블록체인에 기록된 일별 거래량으로 나눠서, 해당 비율을 기준으로 투기적 수요의 정도를 표시한다고 한다.

달러와 비트코인에 대하여 빠질 수 없는 내용이 바로 '음모이론'이다. 재미가 있으므로 또 한 번 언급하게 된다. 달러의 붕괴, 신세계질서(NEW WORLD ORDER) 같은 말은 '음모론'에 관심이 있다면 한번쯤은 들어봤을 것이다. 다만 음모론은 '음모'일 뿐이다. 학술적으로 검토될 수 없는 영역에 속하기에 이 책에서는 다음 동영상으로 대체하며 판단은 각자의 몫으로 남기기로 한다.

다시 한 번 강조하지만, 그저 '재미'로 시청하길 바란다. 러닝 타임이 긴 동영상이지만 반드시 한 번 이상 보기를 권한다. 재테크 아무 생각 없이 하지 마시라는 의미에서 말이다.

아래 QR코드로 동영상을 시청하기 전에, 세계의 기축통화인 '달러'가 붕괴되면 어떤 일이 일어나는지, 세계 2007~8년도 달러가 붕괴될 것 같던 시점에 왜 '비트코인'이 출현했는지, 필자는 여러분에게 위와 같은 질문을 던져본다.

"왜 우리는 가난해질까?"

답을 알려주지 않는다. 스스로 생각해야 한다. 그리고 답을 찾아야 한다. 달러와 세계경제, 그리고 비트코인의 관계를. 머릿속에 이런 물음표를 가지고 동영상을 청취하였으면 한다.

보다 자세히 **동영상 Tip**
신세계질서를 불러오는 세계 경제 붕괴와 돈의 비밀

보다 자세히 **동영상 Tip**
돈의 음모 - 당신은 가난해진다.
세계 경제를 마음대로 움직이는 세력은 누구일까?

비트코인의 비전 - 경제혁명

이번 장에서는 비트코인 블록체인 기술의 발전에 따른 다양한 사례들을 살펴보겠다. 비트코인은 과연 어떻게 활용되고 있는 걸까?

비트코인 기술이 가히 완벽하다고 볼 순 없지만 활용 가능성이 큰 분야로 금융 부문을 꼽는다. 아직도 많은 국가에서 비트코인이 법적인 지위를 인정받지 못해서 활용도가 낮지만, 가까운 미래에 법적 제도가 정착되면 순식간에 비트코인이 사회 전반에 정착하게 될 것이다.

"(경제)시스템을 재구축할 기회가 오고 있습니다. 금융거래는 고작 숫자에 불과하죠. 그 본질은 정보라는 얘깁니다. (그런 숫자와 정보를 다루어) 온라인 금융거래를 하기 위해 10만 명의 사람들이 맨해튼의 비싼 임대료를 감당하면서, 70년대에나 사용하던 메인 프레임 장비로 가득 찬 데이터센터를 운용할 필요가 있을까요?

대부분의 소비 거래에는 3% 가량의 수수료가 부과됩니다. 해외송금에는 10%까지도 부과되죠. 전 이건 거의 도덕적으로 범죄 수준이라 생각합니다. 이런 (부당한) 수수료들을 없앨 수 있는 커다란 기회가 다가오고 있어요."

4조원이 넘는 펀드를 운용하는 벤처캐피탈리스트 마크 앤드리슨의 말이다. 비트코인의 잠재력은 그만큼 대단하며 많은 약점에도 불구하고 새로운 패러다임을 가져다 준 것만큼은 확실하다. 비트코인에 대한 여러 논쟁에도 불구하고 비트코인은 우리의 미래를 바꿔 나갈 것이다. 인터넷 혁명과 같은 또 한 번의 혁명이 비트코인으로부터

출처: http://samwouters.com/future-of-bitcoin-9-ways-to-improve/

일어나길 기대해보며 이번 장을 마치겠다.

블록체인 기술의 집약체 비트코인

비트코인의 블록체인을 활용하면 다양한 기술의 개발이 가능하다. 클라우드 서비스가 보안이 취약하다는 단점 때문에 사용하지 않는 사람들이 종종 있는데, 비트코인 블록체인 기술이 이러한 문제를 해결 할 수 있다고 한다.

비트코인 블록체인을 데이터베이스로 사용하려면 블록체인 블록의 메타데이터(Metadata)가 필요하다. 데이터를 트랜잭션(Transaction) 형태로 업로드하려면 일정량의 비트코인을 필요로 하며, 이는 기여와 보상(Contribution & Credit) 방식을 통해 유지된다. 사용자는 PC공간의 일부를 서버로 사용하거나 비트코인 시스템 공용 지갑에 납부하는 방식으로 사용권한을 인가받는다. 블록마다 40Bytes까지 메타데이터를 담을 수 있으며 메타데이터를 생성하고 데이터를 전송하기 전, 데이터가 올바른지 블록체인을 통해 검증을 하는 방식이 비트코인과 유사하다. 따라서 블록체인을 이용해서 개인정보와 익명성을 보장받기위해서는 사용자의 회원가입 및 로그인이 필요하고, 파일을 소유한 사람 또는 공유 받은 사람만 해당 파일을 볼 수 있도록 함으로써 보안을 강화한다.

이러한 기술들이 상용화 된다면, 클라우드 서비스보다 더욱 강력한 데이터 저장 서비스가 출시되어서 사용자들이 더욱 편리하게 데이터를 저장하는 시대가 오게 될 것이다.

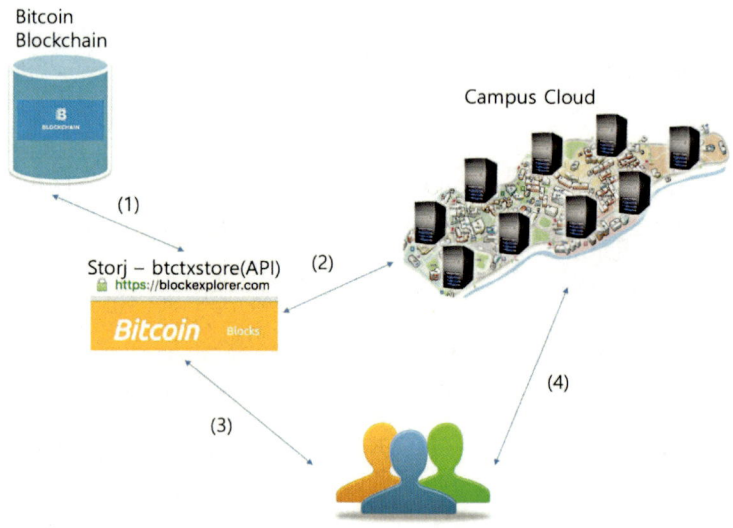

출처: 서영덕·한재현·하수진·엄현상, 비트코인 블록체인을 활용한 보안성이 강화된 분산 스토리지 시스템 구현, 한국컴퓨터종합학술대회, 2016

블록체인 관련 비즈니스

최근 블록체인 기술의 스마트계약 기능을 활용한 오픈소스 플랫폼 '이더리움(Ethereum)'이 주목받고 있다. 이 이더리움을 이용하면 기업들이 원하는 스마트계약 기능을 기업 내의 블록체인 시스템에 도입할 수 있다. 잠시 이더리움에 대해 알아보자.

이더리움 플랫폼은 음원 유통, 보험계약, 혼인신고, 스마트 그리드 과금까지 적용되고 있다. 블록체인 기술을 이용한 이더리움을 통해 부동산 보증금과 임대료 지불 내용 확인도 가능하고, 스마트폰으로 건물에 부착된 스마트 자물쇠도 직접 열 수 있다고 한다. 이때 자물쇠를 열려면 정해진 임대료만큼 입금을 해야 하는데, 별도의 계약내용이나 입금내역을 확인하지 않아도 된다[8]. 이 얼마나 편한 세상인가!

이뿐만 아니라 블록체인 기술을 활용해 감염 의심환자의 정보를 각 병원과 기관들이 공유할 수 있는 시스템이 구축된다고 하는데, 메르스 등 감염이 의심되는 환자들의 정보를 수동보고 방식이 아닌 블록체인 네트워크와 FHIR 표준을 통해 암호화된 개인 신상정보와 진단 정보로 신속하고 정확하게 공유가 가능[9]하다. 금융 분야 외에도

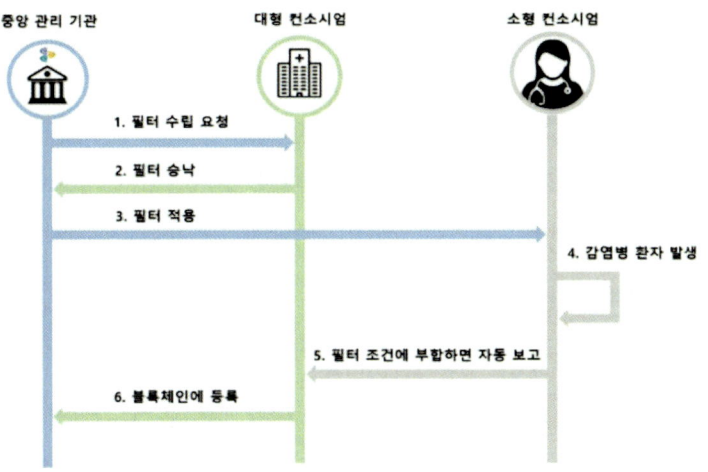

출처: 김태성·김우진·이도윤·김일곤, 블록체인 네트워크 기반에서 FHIR를 활용한 감염병 환자 진료 정보 공유 시스템, 한국컴퓨터종합학술대회, 2016

---

[8] 서정호·이대기·최공필, 금융업의 블록체인 활용과 정책과제, KIF 금융리포트, 2017.01
[9] 김태성·김우진·이도윤·김일곤, 블록체인 네트워크 기반에서 FHIR를 활용한 감염

적용되는 범위가 참으로 많다.

> 블록체인에 대해서는 책의 앞부분에서 설명한바 있다. 하지만 잊어버렸을 것이다. 아래 머니투데이 QR코드를 통해 동영상을 보며 블록체인에 대한 복습과 함께 확실한 개념을 익히자.
>
> 보다 자세히 **동영상 Tip**
>
> 머니투데이 2016. 1 .26
> [시장을 읽는 남자] '블록체인'을 아시나요?

블록체인의 미래 향방

비트코인의 인기가 치솟자 블록체인에 대한 기대도 커지고 있다. 최근 금융 전문가들은 블록체인이 금융업계의 효율성을 대폭 상향시킬 것으로 전망하고 있다. 블록체인의 미래 향방에 대해서 살펴보도록 하자.

블록체인 기술에 투자될 추정 자본시장의 규모는, 2019년까지 약 4억 달러에 이를 전망이라고 한다. 미래에 블록체인 기술이 널리 사용된다면 고객인 우리 소비자에게는 이득이 발생할 수 있다. 금융 분야에서 블록체인 기술의 적용이 가능한 부문은 실시간 자금 송금, 암호화된 화폐, 주식 거래 결제, 매매 실행, 채권 거래 결제, 부도 위험 최소화, 신용상태에 대한 정보 공유, 고객 성향 파악, 신디케이트 대

병 환자 진료 정보 공유 시스템, 한국컴퓨터종합학술대회, 2016

출 처리[10] 등이 있다.

이외에도 블록체인 기술은 스마트 자산, 탈중앙 애플리케이션(Dapp) 생태계, 사물인터넷, 헬스케어 제품, 유전학 분야, 법률 서비스 등 다양한 분야에서 긍정적인 파급 효과를 미칠 것으로 보인다.

출처: 블록체인 기술에 투자된 자본시장 추정 규모(백만 달러), 21세기 투자테마 블록체인의 밝은 전망, 피델리티 인터내셔널, 2016.07

블록체인 기술의 다양한 활용도로 인해 현재 각광받는 기술로 알려지면서 각국 정부, 금융회사, 스타트업, 학계의 관심이 뜨거워지고 있으며, 앞으로도 블록체인 기술은 비트코인과 함께 무한한 잠재력을 가진 또 하나의 혁신으로 자리 잡을 것이다.

암호화폐 생태계의 진화는 신산업 창출, 거래비용 절감, 투자 확대

---

[10] 21세기 투자테마 블록체인의 밝은 전망, 피델리티 인터내셔널, 2016.07

등 국가 경제 활성화에 기여할 것으로 기대된다. 특히 소액 포인트의 통합, 유효기간 연장 등으로 소멸되는 암호화폐가 감소함에 따라 암호화폐를 이용한 소비가 확대될 것으로 예상된다. 또한 포인트를 이용한 세금 납부 제도가 정착될 경우 납세자의 부담이 경감되는 효과도 가져올 수 있다.

지하경제 확대, 금융시스템 교란, 투기적 버블 형성 등 부정적 파급효과를 방지하기 위한 선제적 대응은 암호화폐의 건전성 제고에 기여할 수 있다. 아이템 불법 거래 및 사행산업에 대한 규제는 일시적으로 암호화폐의 확산을 위축시킬 수 있으나 장기적으로 건강한 산업 생태계 형성에 도움이 될 것으로 보인다. 개인정보 유출, 해킹 등 암호화폐 거래시스템을 위협하는 요인에 대한 기술적·제도적 보완이 강화됨에 따라 신뢰도가 향상될 것으로 기대된다.

궁금증해결

블록체인의 활용분야는 어떻게 되나요?
그냥 은행에서만 쓰이나요?

블록체인기술은 전자상거래, 스마트계약, 금융상품, 저작권보호, 공공서비스(부동산정보기록 등), 사물인터넷 등에 두루 사용할 수 있습니다. 특히 투표에 있어서 블록체인기술 적용은 부정선거를 차단할 수 있습니다. 전자투표에 블록체인 적용 가능하기 때문에 본인 의견 행사하며 직접 민주주의 실현이 가능합니다. 암호화폐의 핵심 기술인 블록체인을 이용한 특허출원이 급증하는 것으로 보아 블록체인의 기술은 조작이 불가능해진 영역으로 점차 굳어지고 있습니다.

#. 비트코인 사용법 무작정 따라 하기(5)

이번에는 비트코인을 환전해 보겠다. 우선 매매화면으로 이동한다.

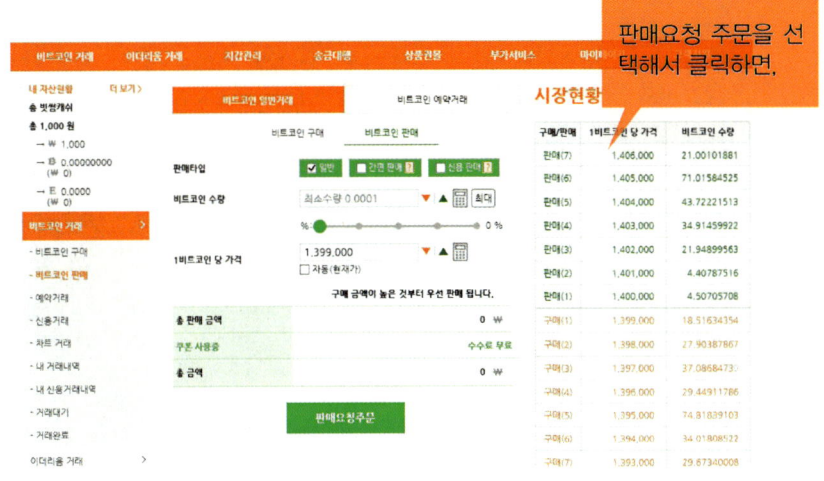

판매요청 주문을 선택해서 클릭하면,

KRW 환급

▶ bithumb에 충전된 KRW포인트를 회원님의 은행계좌에 한화로 환급 받을 수 있습니다.
▶ 출금은 본인 명의의 계좌로만 가능합니다.
▶ 모든 환급은 관리자 확인 후 실행됩니다.

수수료와 환급 최소 금액이 표시된다. 환급액과 은행명, 계좌번호를 입력하고 나서 휴대폰 인증을 완료하면,

• 환급 수수료: 1,000원
• 환급 최소 금액: 10,000원
• 일일 출금한도: 0원
• 월 출금한도: 무제한
• 모든 KRW환급금은 365일 24시간 환급 실행

Part 5 비트코인과 가까운 미래   191

> 본인 명의의 계좌로
> 현금이 입금된다.

#. 관련 사이트 도전기(5)

1) 비트코인 공동 채굴 사이트(https://bitminter.com/)로 이동해 보자.

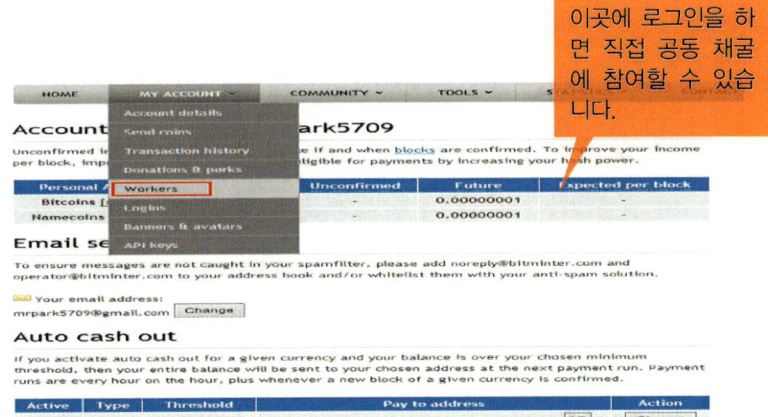

이곳에 로그인을 하면 직접 공동 채굴에 참여할 수 있습니다.

'MY Account'에서 'Worker'를 클릭하여 코인을 채굴할 워커(Worker)를 설정한다. 'Default worker'에 체크하고, 'OK'버튼을 클릭한다.

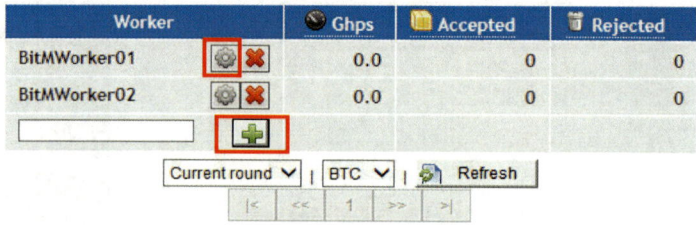

그 다음에 채굴한 코인이 내 지갑에 자동으로 들어올 수 있도록 내 지갑 주소를 설정한다.

비트민트 프로그램을 다운받아 설치를 하면, 바로 공동 채굴 작업에 들어갈 수 있다.

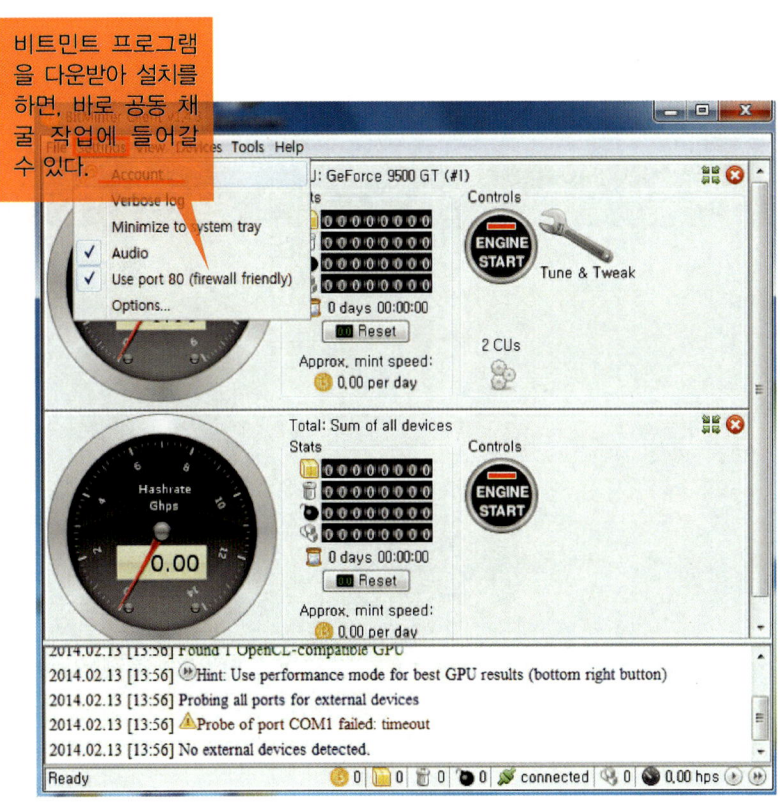

Part 5 비트코인과 가까운 미래

2) 알렉사 [http://www.alexa.com]

미국의 아마존닷컴의 자회사로 캘리포니아주의 샌프란시스코에 소재하고 있다. 알렉사는 웹상에서 다른 웹사이트(ex: 구글, 야후) 등에 정보를 제공하는 웹사이트로 유명한데, 주로 인기도 순위와 페이지 뷰, 툴바 기능을 서비스한다.

알렉사에서 내가 이용 중인 사이트를 조회해보니, 17,676위로 나타난다.

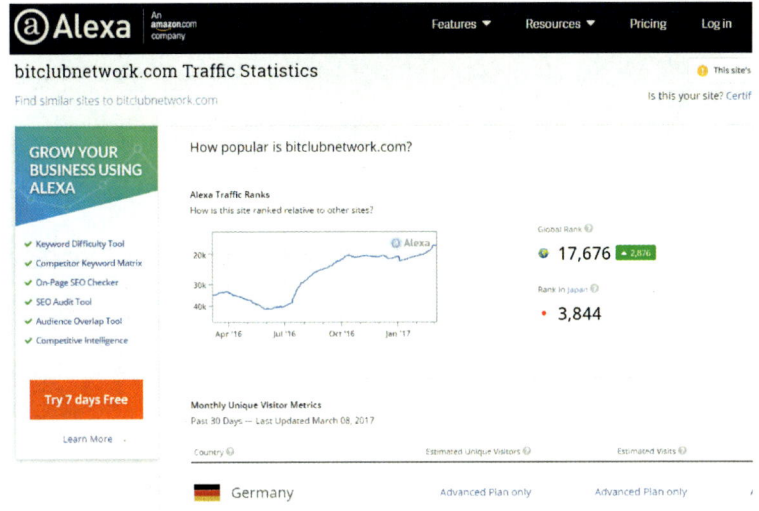

알렉사 조회 결과 비트클럽 방문자들의 국적은 일본이 1위, 우리나라는 5위로 나타났다.

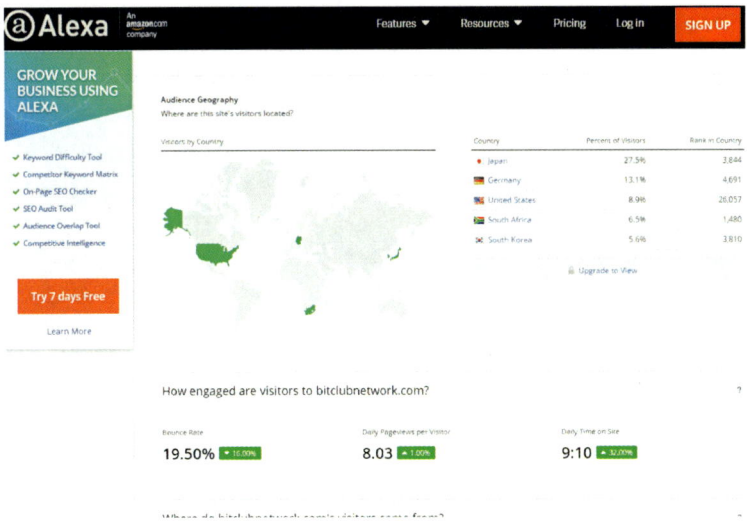

일본의 비트코인에 대한 관심도와 국가적인 움직임이 대단하다. 2017년 4월 1일부터 비트코인이 일본 내에서 합법적인 결제수단으로 공식 인정했다. 비트코인은 앞으로 일종의 '선불 결제 수단'으로 분류돼 온·오프라인에서 재화나 서비스를 구매하는데 사용된다. 물론 기존에 비트코인 구입 시 부과되던 거래세 8%도 면제될 예정이다. 이번 법안 발료로 일본 내 거래가 더욱 활성화될 것이고 일본의 비트코인 거래량이 급격히 증가해 기존 선두였던 중국을 앞지르게 될지도 지켜볼만한 대목이다.

 **궁금증해결**

2014년 일본 마운트곡스가 해킹당해 85만 비트코인을 잃었고 회사는 망했는데 가상화폐의 시스템 기반인 블록체인도 해킹당할 수 있나요?

지금까지 몇 차례의 거래소가 해킹을 당하는 사건이 있었습니다. 하지만 비트코인 자체가 해킹당한 적은 한 번도 없습니다. 현재까지 알려진 바로는 비트코인이나 블록체인에 대한 해킹은 거의 불가능에 가깝습니다. 비트코인은 중개가나 중앙 관리자가 없고 개인 간의 검증을 6단계 거쳐 거래가 완성되므로 해킹이 어렵습니다. 그 이유는 개인 간의 거래로 분산된 시스템을 모두 해킹하기에는 시간과 비용이 너무 많이 소모되기 때문입니다.

궁금증해결
전쟁이 나면 비트코인이 어떻게 되나요?

전쟁이 나면 대체로 안전자산에 자금이 몰리는 경향이 있었습니다. 예를 들어 금값이 치솟는다든가 달러가 치솟는다든가 등등. 지금은 국가적인 위기나 그에 준하는 이슈가 발생할 때 비트코인이 올라가는 경향이 생겼습니다. 아직 비트코인이 확실한 안전자산이라고 단정 지어 말하기는 어려우나 대체적으로 그런 흐름이 생기고 있다고 보입니다.

나의 비트코인 체험수기

지휘자 <정용호>

초등학교시절 처음 음악이 나에게 손짓을 시작한 것은 가요 "불효자는 웁니다", "목포의 눈물 "의 전주를 맛깔나게 기타로 치면서 노래를 부르시는 아버지의 모습이었습니다. 그때 아버지는 영웅이자 우상이었고 나만의 가왕이었습니다.

세고비아 기타. 오래되어 칠이 벗겨진 닳은 그 기타가 지금도 집안 한 모퉁이에 세워져 있습니다. 2년 전 한 많고 사연 많은 인생을 마무리하신 아버지…. 지금 볼 수는 없지만 기타를 보면 어릴 때 아련한 기억이 생각나며 가끔은 기타를 보면서 나도 모르게 가요전주 멜로디를 흥얼거립니다. 내가 음악하는 것을 무조건 반대하셨던 분이 아버지셨는데 정작 당신은 20대에 가수의 꿈을 가지고 계셨다는 이야기를 친척 분에게 들은 적이 있습니다. 아무튼 30여년을 음악과 함께 살아오면서 뉴스에 나올 만큼 큰 연주회를 하지는 못해도, 큰 스폰을 받아 음악앨범을 내지 못해도, 나의 이름을 걸고 수십 명에서 수백 명 앞에서 작은 콘서트를 하고 오케스트라지휘를 하면서 음악을 잘했고 후회 없는 삶을 살았노라고 자부했습니다.

그러나 현실은 냉혹하고 처절했습니다. 돈 없으면 굶어야하고 때로는 무시와 멸시까지 감당해야 하는 현실이 무섭기까지 하니 말입니다. 그러다 비트코인을 접하게 되었습니다. 비트코인이 '채굴'되는 것이고, 이 부분에 대하여 투자할 수 있다는 소개를 듣고 비트코인을 하나씩 얻어나가는 과정, 수익을 얻어나가는 과정 15개월가량을 진행하면서 좋은 수익이 나오니 작은 욕심이 생겼습니다. 나의 오케스트라를 만들어서 음악인으로서 음악을 듣고 느낄 수 있는 것이 얼마나 큰 축복인지를 알려주고 싶은 마음이 생긴 것입니다.

제게 비트코인이란 것이 무엇인지 책과 강의를 통해서 길잡이가 되어주신 이용갑 박사님께 머리 숙여 진심으로 감사를 표합니다. 지금은 돈의 노예가 되지 말고 돈을 다스리는 사람이 될 수 있는 인생을 나는 지금 비트코인관련 비즈니스를 만나가고 있음을 자신 있게 말할 수 있습니다.

Part 6

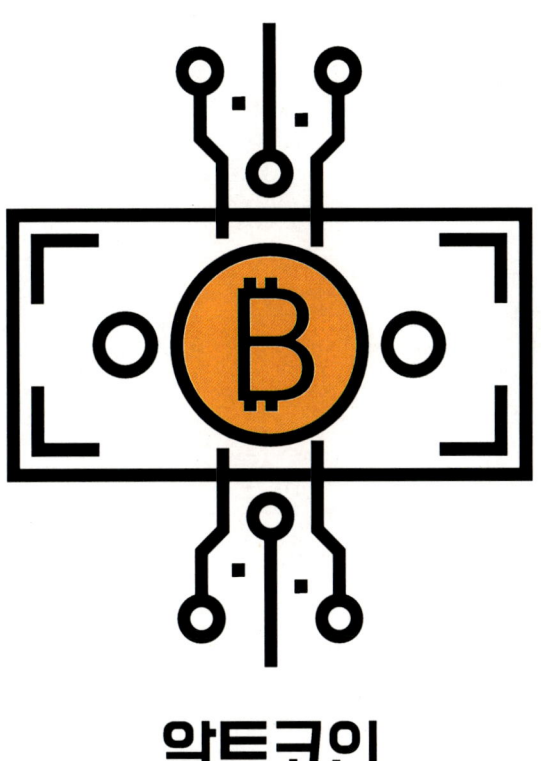

알트코인

Part 6

알트코인

알트코인이란?

블록체인 기술은 비트코인을 시작으로 이더리움까지 확대 적용되고 있다. 현재 2세대인 블록체인의 역사를 알아보자.

블록체인의 1세대는 단연 비트코인이다. 1세대인 비트코인에서 2세대인 이더리움으로 넘어가기 전에 수많은 코인들이 블록체인 역사에 등장하였다. 이들을 1.5세대 즉, 알트코인이라고 한다.

출처: http://bitemycoin.com/how-it-works/what-is-an-altcoin/

비트코인의 성공 이후 수많은 암호화폐가 주목을 받았다. 비트코인을 제외한 모든 암호화폐를 '알트코인'이라고 부른다. 현재 알트코인은 비트코인의 대체 투자처 역할을 하고 있다. 개발자들은 비트코인의 문제점을 해결하기 위해 비트코인보다 개선된 알트코인을 만들기 시작했다. 이로 인해 알트코인이 비트코인의 경쟁자이자 대체 암호화폐로 역할을 하게 되었다.

전 세계적으로 알트코인은 700~800여 종이 있는 것으로 파악된다. 글로벌 암호화폐 시장의 90%를 비트코인이 점유하고 있으며 나머지 10%를 알트코인이 차지하고 있다. 대표적인 알트코인으로는 2015년 플랫폼 기술로 등장한 이더리움, 암호화 통화 기술인 라이트코인, 자산등기 기술을 적용하여 2014년 나온 컬러드코인 등이 있다. 또 자산 중심 기술을 활용한 리플도 인지도가 높은 알트코인의 한 종류이다.

알트코인에 적용된 블록체인 기술은 암호화 통화 기술, 자산 등기 기술, 자산 중심 기술, 플랫폼 기술, 탈중앙애플리케이션(디맵) 기술, 탈중앙자율조기 기술 등이 있다. 암호화 통화 기술은 기존의 비트코인에 적용된 기술을 말한다. 이 기술은 제3자의 개입 없이 다수의 참가자에 의해 신뢰를 바탕으로 암호화폐를 유통시킬 수 있는 기술이다. 자산 등기 기술은 블록체인 기술을 자산 등록에 사용하는 것이다. 자산 중심 기술은 자산 등록 기술과는 달리 고유한 기술과 네트워크, 컨소시엄을 통해 자산의 거래가 이루어진다. 플랫폼 기술은 블록체인 기술의 암호화 통화기술을 플랫폼화하여 확장 적용하는 것을 말한다. 디맵 기술은 무한한 확장이 가능한 프로그래밍 기능을 활용해 애플리케이션을 개발하는 것을 말한다. 이는 탈중앙애플리케이션 기술

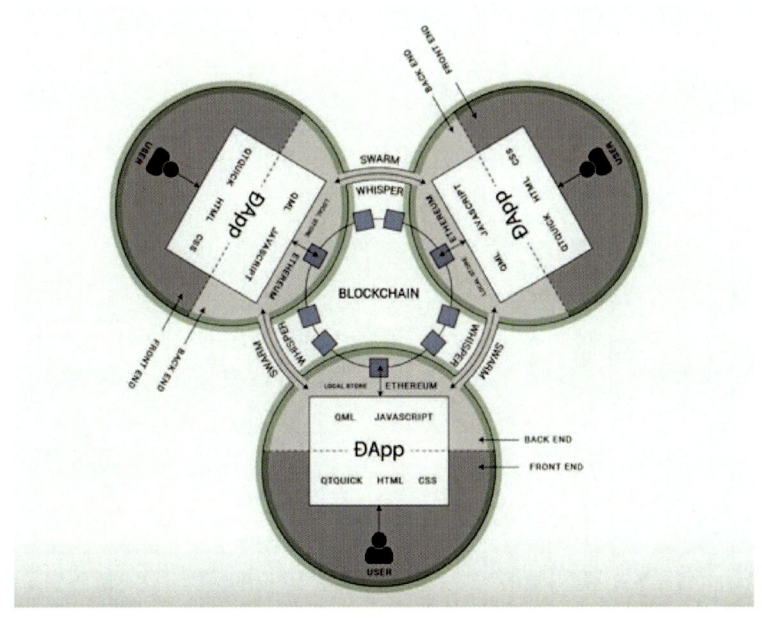

출처: https://ethereum.stackexchange.com/questions/383/what-is-a-dapp

이라고도 부른다. 또 디맵 기술을 이용한 스마트 계약을 애플리케이션으로 기업운영에 활용할 때 이를 탈중앙자율조직이라고 뜻한다.

궁금증해결
나도 암호화폐를 만들 수 있나요?

놀랍게도 누구나 암호화폐를 만들 수 있습니다. 심지어 1시간 만에요. proof이라는 사이트 (http://beta.proofdashboard.com/)에서 여러분을 위한 암호화폐를 1시간 안에 만들 수 있습니다. 다만 아무도 사가지 않는 게 문제입니다. 화폐를 누군가 사야지 가격이 오르겠지요?

궁금증해결
암호화폐 거래소가 망해도 예금자는 보호받을 수 있나요?

국내 민간 거래소의 경우 해킹이나 횡령으로 파산을 하는 경우 투자자들은 예치금이나 비트코인 등 암호화폐를 회수할 수 있는 방법이 현재로써는 없습니다. 따라서 국내 거래소들은 보안 시스템을 마련하고 비트코인을 분산 보관하며 일정 금액 이상 인출 시에는 회계법인의 허가를 받는 등 자구책을 마련하고 있습니다.

알트코인의 종류

알트코인의 종류를 블록체인 기술별로 알아보자. 우선 암호화 통화기술에 해당되는 알트코인은 라이트코인, 피어코인, 도기코인 등이 있다.

라이트 코인은 2011년 초에 출시되었으며 작업증명 알고리즘으로 스크립트를 사용한다. 피어코인은 2012년 8월 등장하였으며 작업증명 알고리즘과 지분증명 알고리즘을 동시에 사용하는 것이 특징이다. 도기코인은 2013년 12월 출시되었으며 코인 발행 속도가 빠른 특징을 갖고 있다.

출처: https://www.cryptocurrency-japan.org/article/peercoin/a

자산 중심 기술 기반의 알트코인에는 리플, 스텔라, 하이퍼렛저 등이 있다. 이들 중 하이퍼렛저는 비즈니스 운영용 블록체인 플랫폼으로 리눅스 재단이 만든 오픈소스 프로젝트이다. 여기에는 IBM, 엑센츄어, Digital Asset Holdings, JP 모건, Moscow Exchange, DTCC 등이 참여하고 있다.

리플은 개인, 은행, 기업 등 각 주체 간 가치의 이동을 중개하는 플랫폼이다. 주로 전 세계의 다수 참여자가 실시간으로 발생시키는 대량의 결제를 빠르게 처리하는 실시간총액결제시스템(Real Time Settlement System) 서비스로 활용되고 있다. 리플은 분산 원장 시스템으로 구성되어 있는데 이 분산원장에서는 XRP라는 고유의 암호화폐를 발행하여 사용한다. 리플은 이 XRP를 매개로 하기 때문에 이종화폐나 유가물까지도 거래가 가능하다. 달러화, 엔화, 비트코인, 멤버십 포인트, 마일리지 카드 잔액, 항공사 마일리지 등 어떠한 형태로도 교환이 가능하다.

리플을 보완하기 위해 나온 자산 중심 기술 기반의 알트코인은 스

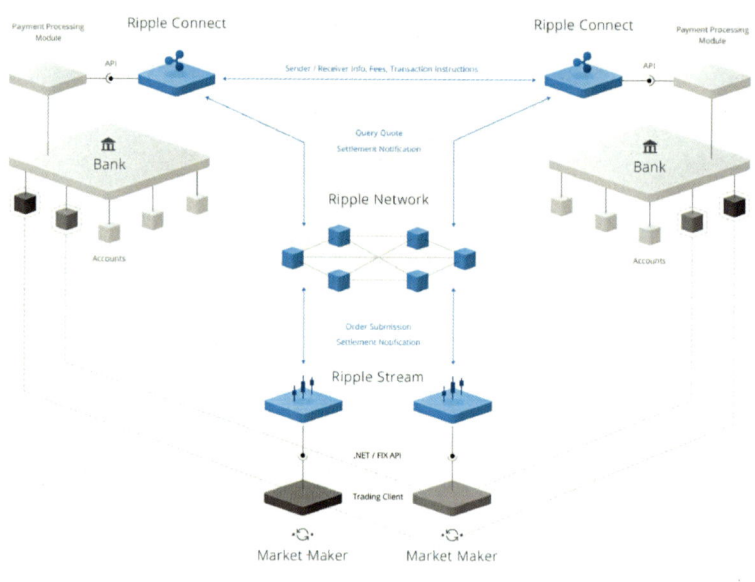

출처(https://ripple.com/wp-content/themes/ripple-beta/assets/img/technology/technology-1.png)

텔라이다. 스텔라는 금융 프로토콜로써 리플과는 독립된 코드베이스를 사용하고 있다. 기존의 확률적 투표이론 기반의 전용 투표시스템이 아닌 PBFT의 탈중앙 버전을 사용하는 스텔라는 내부화폐(XLM)를 가진 참여자라면 누구든 합의구조에 관여할 수 있다.

자산 등기 기술 기반의 알트코인 종류로는 메타코인, 매스터코인, 컬러드코인, 네임코인, 카운터파티 등이 있다. 메타코인은 사이드체인 기법을 이용하여 설계한다. 이 사이드체인은 비트코인 네트워크 자체에서는 얻을 수 없는 기능까지 활용이 가능하다. 개별블록체인인 사이드체인으로 구성하는 메타코인을 오프-체인 메타코인으로 부른다. 반대로 기존의 비트코인 블록체인으로 만든 메타코인은 온-체인 메타코인이라고 한다.

플랫폼 기술 기반의 알트코인으로는 이더리움이 있다. 이더리움이 인기가 높은 이유는 플랫폼 형태의 블록체인으로 어떠한 응용프로그램의 개발도 가능하기 때문이다. 기존의 비트코인은 30여 가지의 제한된 명령어만 지원하므로 다양한 응용이 어려웠지만 이더리움은 여러 프로그램을 효율적으로 개발할 수 있는 튜링완전언어(Turing Complete Language)를 이용하여 비트코인의 한계를 극복하였다.

플랫폼 기술 기반으로는 이더리움 외에도 스마트 계약 플랫폼인 비트쉐어라는 알트코인이 있다. 비트쉐어는 초당 10만건 이상의 트랜잭션 처리가 가능하다. 블록체인 기반의 증권거래 플랫폼인

T0.com은 결제 시간과 비용을 줄인 비트쉐어로 유명하다.

궁금증해결

비트코인이 인공지능과 결합 될 수 있나요?

네, 비트코인은 인공지능으로 가격을 예측하거나 채굴현장에 투입되는 등 비트코인에 인공지능을 결합하는 현상은 지금도 활발히 진행되고 있습니다. 그럼에도 인공지능이 비트코인을 더 빨리 채굴할 수 있을 거라고는 장담하지 못합니다.

비트코인 vs 알트코인

알트코인은 비트코인의 한계를 극복하기 위해 나온 암호화폐이다. 알트코인 중에서도 특히 이더리움은 블록체인 2.0세대로 인정받을 만큼 비트코인의 한계를 개선하는 방향으로 구현되었다.

비트코인과 이더리움을 비교하면 암호화폐가 어떻게 진화해 왔는지 쉽게 이해할 수 있다. 비트코인과 이더리움의 가장 큰 차이점은 스마트 계약의 유무이다. 비트코인은 암호화 화폐로써의 기능만을 갖고 있지만 이더리움은 암호화폐 기능에 스마트 계약 기능까지 더해진 기술이다.

이더리움의 창시자인 비탈릭 부테린은 비트코인 스크립트 언어의 단점과 합의 메커니즘의 불완전성, 거래처리 속도 문제, 의사결정 구조의 불안정성을 보완하고자 이더리움을 개발했다. 특히 이더리움은 직접 거래 방식을 프로그래밍할 수 있기에 '개방형 플랫폼'으로 불린다. 따라서 이더리움은 기존의 비트코인과는 달리 스마트 계약이 가능하고 블록체인 기술로 된 어떠한 분산화 된 애플리케이션도 지원이 가능하다. 분산화 된 애플리케이션이라면 중앙 서버가 없어도 이더리움의 블록체인 기술만 있으면 거래를 할 수 있다는 장점이 있다. 반면 비트코인은 스크립트 언어인 튜링의 불완전성 때문에 통거래 체계에 머물 수밖에 없는 한계점이 있다.

시가총액 상위 10위권 내에 위치한 알트코인 중 이더리움 다음으로 가치가 높은 알트코인은 비트코인 캐시다. 비트코인 캐시는 기존의 비트코인 거래가 1MB의 블록사이즈로는 10분간 발생되는 거래를 모두 처리하지 못하면서 이를 해결하기 위해 탄생되었다. 2017년 8월 1일 블록사이즈를 2~8MB까지 확장할 수 있는 비트코인 캐시가 비트코인에서 분리되어 나왔다. 여기에는 SegWit(디지털 서명 분리) 기술이 적용되지 않았다.

시가총액 4위를 차지하고 있는 리플은 환전 기능에 중점을 둔 암호화폐이다. 마일리지나 포인트 등의 거래를 위한 플랫폼으로서 기존 비트코인과의 가장 큰 차이점은 채굴과정이 필요 없다는 것이다. 다만 리플 자체에서 중앙 집중화 방식으로 코인을 발행하고 유통한다는 특징이 있다. 시가총액 7위인 모네로는 익명성을 가장 큰 장점으로 갖고 있다. 이러한 익명성은 CryptoNote라는 프로토콜을 기반으로 한다.

시가총액 5위인 대시는 익명 거래, 실시간 이체 확인 등 기존의 비트코인에 없는 기능을 추가한 알트코인이다. 비트코인의 경우 모든 이체내역이 기록되므로 불법적인 사용을 한 비트코인은 다른 사람들로부터 꺼려지게 된다는 단점이 있다. 따라서 같은 비트코인이지만 사용 이력에 따라 가치가 달라진다는 불안정성을 갖고 있다. 이러한 문제를 보완하기 위해 대시는 마스터노드라는 노드를 새롭게 구성해 익명 거래가 가능하도록 만들었다.

6위에 위치하고 있는 라이트코인은 기존의 비트코인 생성 주기를 2.5분으로 대폭 줄였다. 줄어든 코인 생성 주기는 최종 통화 발행량을 줄여주어 라이트코인의 발행량은 비트코인 대비 약 4배 이상 늘어나게 되었다.

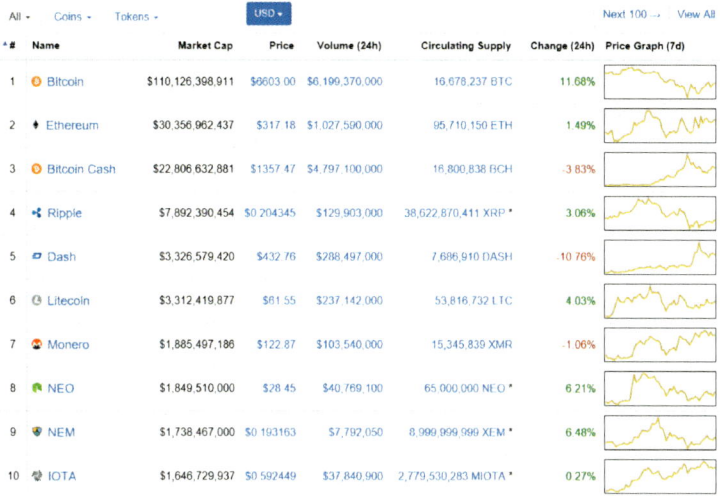

[시가총액 10위권 내 주요 암호화폐]

출처: https://coinmarketcap.com/

 **궁금증해결**

중국인 우지한 은 누구인가요?

비트코인 파동의 주인공 '우지한' 이란 중국인이 나옵니다. Bitmain이라는 회사의 CEO Jihan Wu 이며 한자어로 '우지한'이란 명칭으로 우리나라에 소개되었습니다. 북경대학을 나왔으며, 대학을 졸업 한 후 사모펀드의 매니저로서 재무분석가 일을 해왔습니다. 2013년 공동 창립자 겸 이사로서 Bitmain을 설립하였습니다. 2015년 ASICBOOST 라는 특허기술을 통해 Bitmain사가 중국내 전체 채굴을 장악하였습니다. BCC는 BTC 세그윗 과정에서 우지한이라는 중국인이 새로 만든 알트코인입니다.

나의 비트코인 체험수기

화물트럭기사 <이문갑>

한통의 전화. 스마트폰 화면에는 "이용갑 박사" 라는 발신자명이 떴습니다.

통화의 내용인즉 이용갑 박사님이 쓰는 책에 나의 비트코인 경험담을 직접 써서 넣었으면 좋겠다는 것이었고 나는 흔쾌히 수락했습니다. 하지만 몇날 며칠을 뭘 어떻게 써야 하나 걱정에 고심을 하며 지냈습니다. 그런데 가만히 생각해 보니 걱정이 필요 없다는 것을 알았습니다. 그 이유는 내가 2015년 초 오늘날에 이용갑 박사 부부로 인해 알게 된 암호화폐가 지금껏 내게 준 부의 경험을 쓰면 되는 것이기 때문이었습니다.

그러고 보니 저는 아침 새벽 5시에 시작한 일과는 저녁 늦게는 8~9시 까지 근무하며 그렇게 앞만보고 고단하지만 때론 즐겁게 회사 생활을 하며 지냈던 사람이었습니다. 그러다 이용갑 박사 내외분으로 인해 알게 된 암호화폐 비트코인.

처음에 이용갑 박사 내외분으로부터 전해들은 암호화폐 비트코인이라는 것은 솔직히 말로만 듣던 다단계요 피라미드, 폰지 사기, 그런 것 정도로 여겼습니다. 그렇게 생각하고 있던 시기인 2015년도에 이용갑 박사에게 연락이 온 것입니다. 그때 이용갑 박사의 목소리는 정말 자신에 차 있었고 나를 위해 하는 조언을 전해주었습니다. 순간 나는 '어떻게 해야지?' 속으로 생각하다 이용갑 박사에게 물었고, 이용갑 박사는 그저

지분 한 두개정도만 가지고 계시라는 조언을 해주었습니다. 그렇게 2015년 5월쯤 미약하게 난 암호화폐 비트코인에 발을 디뎠던 것입니다.

그 후 20개월이 흘러 올 3월쯤 이용갑 박사 내외분을 만날 날이 있었습니다. 그때 이용갑 박사가 말을 건넸습니다.

"어때요? 비트코인이 많이 올라 기분이 좋죠?"

"응-????"

정말 깜박 잊고 있었습니다. 부랴부랴 잊고 있던 계정을 찾고 비밀번호를 찾아 20개월 정도를 묻어 두었던 지분 수익률을 알게 되었습니다. 저는 2년 전 처음 암호화폐 비트코인을 다단계 혹은 폰지사기로 부정적 생각만 했던 내가, 그때 처음으로 채굴투자에 대하여 안전성, 수익성을 확신했습니다. 그리고 2017년 3월 이용갑 박사 내외분을 만난 날 을 기해 마음의 결심을 하고 2개월간 자금 준비 후 올해 5쯤 적지 않은 자금을 모아 채굴지분투자를 하였습니다. 물론 소위 '묻지마 투자'를 피하려고 이용갑 박사님의 책 〈부의 미래 비트코인〉과 책에 소개된 여러 자료들을 직접 찾아보고 공부하면서 비트코인이 도대체 무엇인지 하나씩 공부했고, 제 나름대로 확신을 가지고 지분투자를 한 것입니다. 그리고 그렇게 시간이 흘러 수개월….

하루하루 비트클럽에 지분투자의 수익률을 보며 지금도 가끔 그 설렘에 잠 못들 때가 많습니다. 어쩌면 새벽에 일어나 어둠속에 출근하는 일이 없는 것 또한 비트클럽네트워크에 지분투자 한 덕에 맛보는 작은 행복이 아닌가 싶습니다. 이 나이에 "신난다"는 것을 경험하고 있습니다. 오늘 나를 이렇게 인생을 즐길 수 있는 계기를 마련해준 이용갑 박사 내외분께 감사를 드리는 바입니다.

나의 비트코인 체험수기

영화감독 <한울별>

지난 9월 초 지인으로부터 비트코인 관련 다큐제작을 의뢰를 받았다. 내용인즉슨 2016년 일본은 비트코인을 자국의 법정화폐로 인정하였고, 2020년 도쿄 올림픽을 대비해 일본 전역 상가에 비트코인 결제 시스템을 대대적으로 설치하고 있다고 했다. 이에 비트코인을 갖고 있는 사람들이 '비트코인만으로 일본여행' 하기란 목적으로 2박 3일 여행을 가는데, 비행기 값 결제부터 현지에서 쓰는 숙식 관광비 등 모두 비트코인으로 결제를 한다고 했다. 이 과정을 다큐로 찍어달라고 의뢰가 들어왔던 것이다.

나는 개인적으론 2015년 비트코인 가격이 20만 원대 할 때 비트코인에 대한 것을 알고 있었다. 하지만 당시에는 비트코인과 암호화폐라는 것을 신뢰할 수 없었고 사기라고만 생각했었다. 하지만 올 여름 들어 주변 지인들 중 비트코인으로 돈을 많이 벌었다는 사람들이 여러 명 있었다. 그래서 비트코인에 대한 궁금증이 더욱더 큰 때라 다큐촬영을 하기로 결정하였다.

제대로 촬영을 하기위해 비트코인 관련 서적도 찾아보고 유투브 등에서 비트코인이란 검색어로 검색되는 수많은 자료들을 찾아보며 비트코인에 대하여 많은 것을 알 수 있었고, 구성 시나리오를 짤 수 있었다. 그리곤 책의 저자이신 이용갑 박사님을 주인공으로 낙점하고 9월21일~9월23일간 후쿠오카 지역으로 일본여행 및 촬영을 떠나게 되었다. 1차로 주관여행사인 킴스투어에서 비행기 값과 호텔경비 등을 비트코인으로 결제를 받았고, 여행사 대표가 함께 했다. 그래서 대표에서 "왜 비트코인으로 여행경비를 받게 되었느냐?" 물어보니 비트코인으로 결제 받으면 좋은 점이 두 가지가 있다고 했다.

첫째는 비트코인은 아직 우리나라에선 법제화되어 있지 않아서 비트코인으로 인한 수익은 세금을 내지 않는다고 한다. 둘째는 비트코인 가격이 계속 오르기 때문에 시간이 지날수록 결제 받은 금액보다 더 큰 금액이 되기에 추가수익이 발생할 거라 했다.

자영업자들은 분명 비트코인으로 결제 받으면 여러모로 이득이 되는 것 같다. 그래서 현재(11월) 우리 회사에서도 자영업자들을 대상으로 하는 비트코인관련 방송프로그램을 제작 중에 있다. 우리나라 정부에서도 비트코인 관련 법안을 준비하고 있고, 아마 일본처럼 정부차원의 결제시스템을 통해 자영업자들에게 비트코인 결제가 전파되 나갈 것 같단 생각이 든다.

이번 다큐 촬영을 하며 느낀 점은 '정말 세상이 변하고 있구나' 하는 점이였다. 영원할 것만 같았던 현금이 신용카드와 각종 페이카드를 지나 비트코인 같은 디지털 화폐로 변해 가고 있는 것이다. 이러한 변화가 누군가에게는 또 다른 부의 창출이라는 기회가 분명 될 것이다. 전 세계가 받아들이고 있는 비트코인이 우리나라에서도 곧 화폐로 인정받아 쓰이게 될 날을 기대해 본다.

Part 7

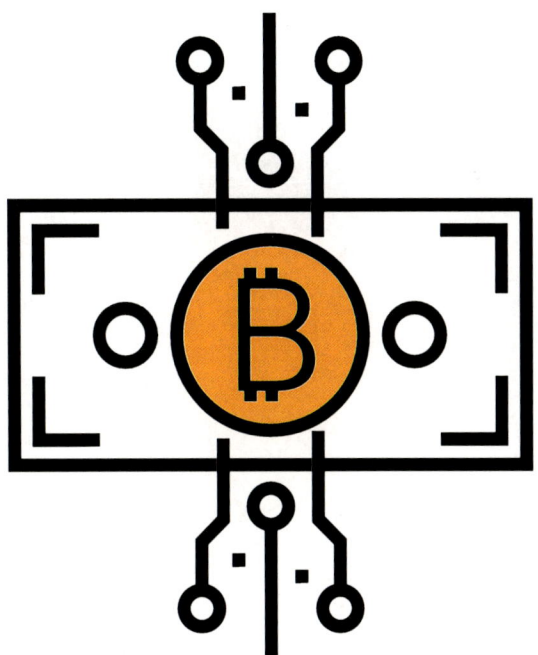

거래소와 비트코인 지갑 파헤치기

Part 7

거래소와 비트코인
지갑 파헤치기

앞선 강의에서 거래소, 비트코인 지갑 등을 언급했다. ㅡ비트코인 지갑 등은 2장을 재 확인해보시라ㅡ 비트코인은 지갑에서 보관되어야 한다는 것을 알려주었다.

나의 책은 계속해서 반복할 수 있도록 만들어졌다. 그리고 독자가 스스로 생각해보도록 의도적으로 질문을 던진다. 질문이 없다면, 물음표를 던지지 않는다면, 투자자로서 치명적인 약점이기 때문이다. 이제는 내가 집어넣어주는 지식이 필요한 게 아니라 스스로 지식을 판단할 수 있는 안목이 중요하다. 7장까지 읽고 동영상을 시청하면서 반복학습이 되었다면 어느 정도 개념이 형성되었으리라 생각한다.

이번 장에서는 암호화폐 거래소에 대하여 집중적으로 살펴보기로 한다. 이 책을 읽고 있는 당신이 거래소를 설립하거나 혹은 거래소를 프로그래밍할 것이 아니라면 지갑이나 거래소에 대하여 너무 심도 있게 파고들지 말고 '활용방법'에 집중하길 바란다. 운전을 잘하는 사람은 자동차를 조립할 수 있는 사람이 아니라 차를 자주 운전해본 사람이다. 내 말의 의미를 이해하리라 믿는다.

암호화폐 거래소 정복하기

최근 금융시장의 최대 키워드는 비트코인, 이더리움, 비트코인 캐쉬, 빗썸, 코인원 등 암호화폐 관련 이슈이다. 주식이나 재테크에 전혀 관심이 없던 몇몇 지인들 및 필자가 자주 가는 미용실 원장도 지금 비트코인을 매수해도 괜찮을지 물어볼 정도로 암호화폐에 대한 인기가 높다고 할 수 있다.

비트코인(Bitcoin), 이더리움(Etherreum), 비트코인 캐쉬(Bitcoin Cash), 리플(Ripple), 라이트코인(Litecoin)등은 이른바 가상화폐, 즉 암호화폐를 말하며 빗썸(Bithumb), 코인원(Coinone), 코어빗(Korbit), 비트렉스(Bittrex), 오케이코인(OKcoin), 비트플라이어(bitFlyer)등은 암호화폐를 거래할 수 있는 거래(중개)소를 말한다.

지난 8월 19일 빗썸(한국 최대 암호화폐 거래소)의 암호화폐 일일 거래액이 2조 6000억 원에 달하며 코스닥시장의 거래대금 2조 4300억 원(8월 18일 기준)을 훌쩍 뛰어넘는 등 빗썸을 통한 암호화폐 일일거래액이 현재에도 수천억 원을 상회하고 있다. 또한 빗썸은 전 세계 암호화폐 거래량의 약 9.94%를 점유, 거래량 기준 암호화폐 거래소세계 2위 자리를 유지하고 있다.

국내외 암호화폐 거래소

1) 빗썸 [https://www.bithumb.com]

국내 최대 암호화폐 거래소이다. 암호화폐 하루 거래량 2조 6,000억 원 돌파, 코스닥 시장의 하루 거래량을 앞질렀다. 암호화폐에 대한 관심이 높아지며 거래량은 점차 증가하였다.(7. 8. 19 기준)

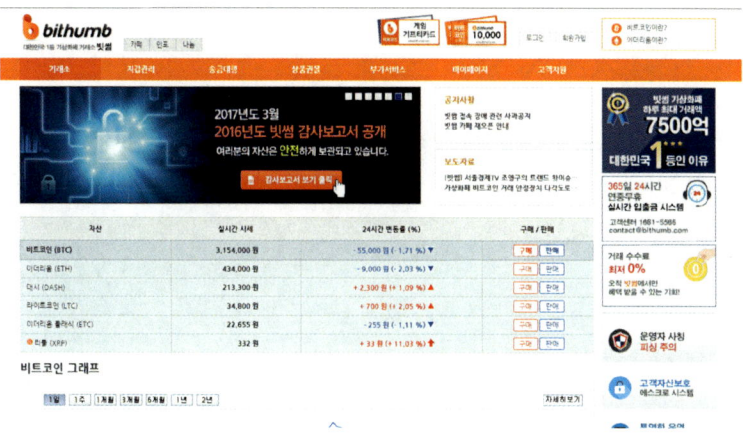

하루 거래금액이 13만 비트코인으로 세계 암호화폐시장 1위 (2017. 9. 22)-전 세계 거래량의 13.9%, 한화로 환산하면 5,447억 원에 달하는 금액- 일본의 비트플라이어(Bitflyer)는 13.86%로 2위, 빗썸 이용자수는 연초에 비해 50만 명이 증가한 87만 명. 국내 시장 점유율을 고려하면 약 130만 명이 이용 중이다.

2) 코인원 [www.coinone.co.kr]

국내 최초 오프라인 암호화폐 거래소 '코인원블록스' 개장(2017년 9월) 하였다. 비트코인, 이더리움 등 코인원에서 거래되는 암호화폐 6종의 시세를 제공하며 상담창구에서 암호화폐 거래 관련 상담 가능하다. 비트코인 현금자동입출금기(ATM) 서비스를 올 하반기에 오픈 예정이다.

3) 코빗 [www.korbit.co.kr]

2013년 서울에 설립되어 현재까지 총 회원 수 3만 명, 가맹점 수 1천3백 개, 누적 총 거래량 8백억 원 규모의 회사로 성장한 코빗은 분산장부 형태의 블록체인(blockchain) 기술을 기반으로 한 암호화폐(Cryptocurrency)인 비트코인과 이더리움(Ethereum)의 원화 거래를 지원하는 거래소를 운영 중이다.

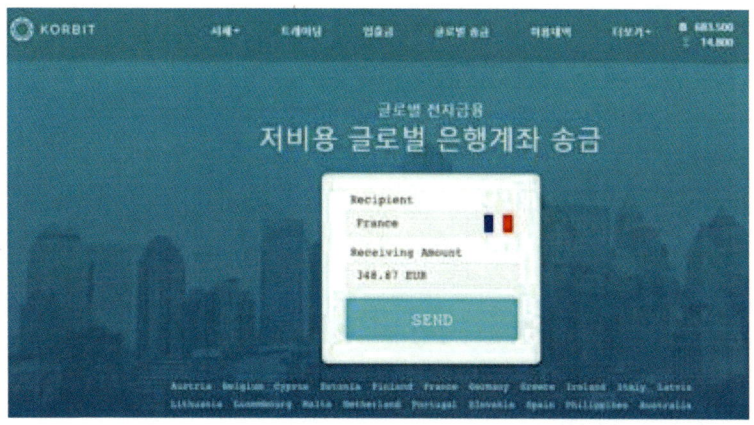

구분	빗썸	코인원	코빗
일거래량 (BTC, ETH, BCH, XRP)	약 3940억원	약 1310억원	약 998억원
보안업체	SK인포섹	SK인포섹, 그레이해쉬	협의 진행 중
사이버 배상책임 보험	가입 진행 중	현대해상	가입 진행 중
망 분리	논리적 망 분리	논리적 망 분리	논리적 망 분리
내부 보안 정책	서버 중앙화 고객 정보 관리 별도 관리	서버 중앙화 고객 정보 관리 별도 관리	서버 중앙화 고객 정보 관리 별도 관리
ISMS (정보보호관리체계)	내부 인증 준비 중	별도 인증 준비 중	내부 검토 중

출처: http://www.kinews.net/news/articleView.html?idxno=110584

해외 거래소에는 가장 유명한 비트렉스(https://bittrex.com/), 폴로닉스(https://poloniex.com/) 등이 있음을 알아두자.

비트렉스는 서버도 안정적이고 여권인증도 빠른 거래소이다. 보통 하루 이틀내면 모든 문의를 처리해주는 편입니다. 버그도 없고 완성도는 가장 높은 거래소이다. 플로닉스는 해외상장소중 가장 많은 사람들이 거래를 하고 렌딩, 각종 챠트를 제공해서 인기가 많다. 트래픽이 폭주할 경우 아시아 IP를 차단하기도 하여 안정적인 거래도 지속할 수 있다.

비트코인 지갑 종류 5선

지갑은 소프트웨어, 모바일, 웹 지갑 등 세 종류가 있다. 소프트웨어 지갑은 자신이 사용하는 컴퓨터에 모바일 지갑은 자신의 휴대전화를 '지갑'을 다운로드 받아 사용한다. '웹 지갑'은 온라인상에 개설해 언제 어디서든 이용할 수 있다.

디지털 지갑을 만들면 숫자와 문자가 복잡하게 섞인 1로 시작하는 33자리의 주소(address)를 갖게 된다. 현실세계에서 '계좌번호' 라고 생각하면 된다. 이 주소는 자신의 디지털 지갑 안에 모두 저장되므로 디지털 지갑은 '비트코인 주소들의 집합소'라고도 한다. 한 사람이 여러 개의 계좌번호를 만들 수 있고, 그 번호만 알면 누구에게든 비트코인을 보낼 수 있다.

지갑을 만들었으면 이제 본격적으로 비트코인을 사고 팔 수 있다. 가장 손쉬운 방법은 비트코인 거래소를 이용하는 것이다. 세계적으로 25개가량의 거래소가 24시간 운영되고 있다. 가장 규모가 큰 곳은 마운트곡스(Mt. GOX)이며 한국에서도 코빗(Korbit)이라는 이름의 거래소가 운영 중이다. 거래소를 이용할 경우 싸게 샀다가 비싸게 파는 차익 거래가 가능하다. 초기 투자비용 없이 거래 수수료만 내면 저렴한 비용에 비트코인을 구입할 수도 있다.

1) Coinbase 비트코인 지갑

Coinbase 웹사이트 : https://www.coinbase.com/join

2012년에 설립. 비트코인 교환 서비스는 전 세계 19개국에서 제공한다.

2) Blockchain.info 비트코인 지갑

Blockchain.info 웹사이트 : https://blockchain.info/ko/wallet/#/

오늘날 가장 인기 있는 비트코인 지갑은 Blockchain.info 이다. 비트코인을 시험 중인 초보자에게 추천한다.

3) TREZOR 비트코인 지갑

TREZOR 웹사이트 : https://shop.trezor.io/

TREZOR는 다량의 비트코인을 문제없이 보관할 수 있는 완벽한 솔루션이다.

4) Exodus 블록체인 자산 지갑

Exodus 웹 사이트 : https://www.exodus.io/

itecoins, Dogecoins, Dash 및 Ether도 저장할 수 있는 비교적 새로운 지갑이다.

5) Bitcoin Core 지갑

Bitcoin Core 웹 사이트 : https://bitcoin.org/en/download

데스크탑에서 쓸 비트코인 지갑에 대한 해결책이다. 보안 및 개인정보 보호 기능이 풍부하고 안정적인 시스템을 제공한다. 단, 모바일 앱이 없고 웹 인터페이스가 없기 때문에 개인용 컴퓨터가 없으면 이 지갑을 사용하기가 어렵다.

마이이더 월렛 사용법

사이트 접속한다.

https://www.myetherwallet.com/

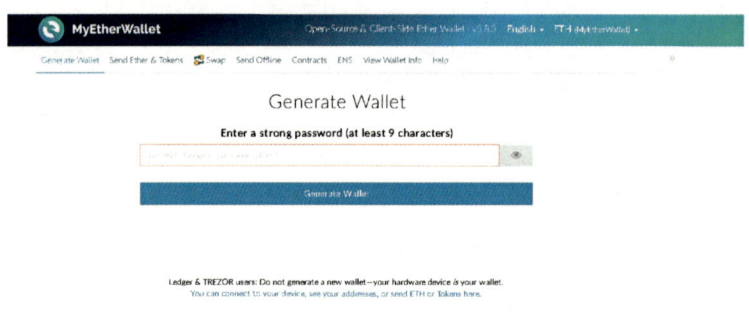

비밀번호 9자 이상으로 설정한다.

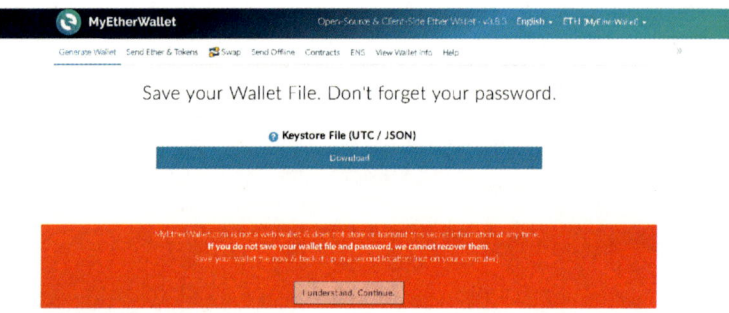

keystone파일이 나오면 꼭 저장해놓는다. (복구용)

반드시 다운로드를 받고 백업까지 해둔다. 이후 I understand continue 클릭

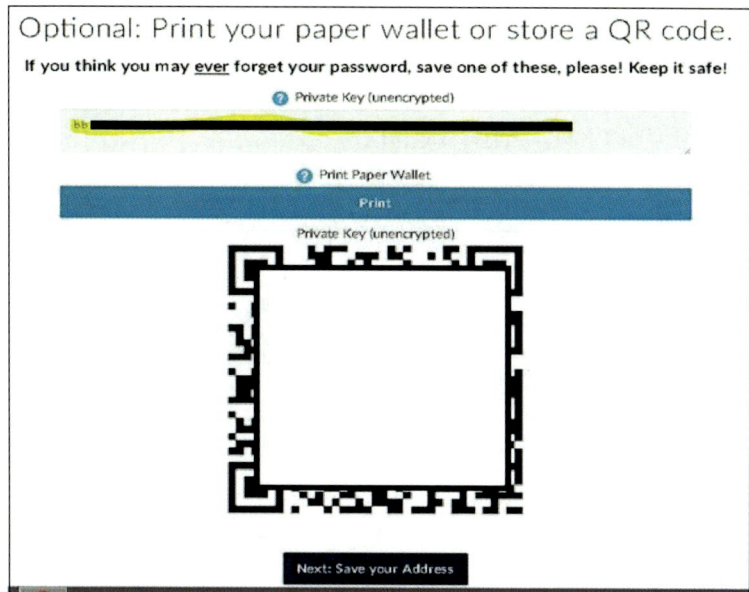

Private Key가 비밀번호이다. 잊지 말고 저장한다.

이렇게 뜹니다.

하드웨어 월렛 사용법

하드웨어 월렛은 USB형태로 생겼다.

출처: https://www.ledgerwallet.com/products/ledger-nano

하드웨어 월렛 사용법은 아래 QR코드를 통해서 확인해보도록 하자. 아주 훌륭한 설명이 별도의 지면을 통하지 않고도 동영상과 함께 친절히 설명되어 있다. 실습이 필요한 부분이므로 동영상이 더욱 효과적이라 판단한다. 하드웨어 월렛이 있는 경우 반드시 동영상을 참조해서 실습해보기로 하자.

QR코드 링크 LEDGER NANO S 설명 및 사용방법(레져지갑)
출처: https://steemit.com/kr/@shinikhee/ledger-nano-s

출처: http://www.gov-online.go.jp/useful/article/201705/1.html

나의 비트코인 체험수기

영어동시통역사 <David kim>

저는 비트코인과 같은 금융과 무관한 영어교육 분야에서 국제 영어시험인 TOEFL 시험을 한국에서 시행하고 마케팅 하는 일을 하는 외국회사의 평범한 직장인이었습니다. 2013년 10월 초에 직장도 불안한 요즘 어떤 투자를 하면 좋을지 심각하게 고민하던 중 외국 경제전문지에서 비트코인을 접하게 되었습니다. 기존의 금융의 틀을 완전히 깨는 이런 비교 불가한 글로벌 민간화폐가 있다는 것을 알게 되고, 특히 누구나 채굴을 통해서 비트코인을 직접 만들어 쓸 수 있다는 내용을 사실을 알게 되면서 그 매력에 흠뻑 빠져 며칠씩 밤을 새워 외국 사이트들을 방문하며 비트코인에 대해 공부해 알아가게 되었습니다.

그래서 잘 아는 사람에게 배워서 해 보려고 하다가 크게 사기꾼을 만나 전 재산을 잃는 너무나도 혹독한 시련을 겪어야 했습니다. 그 당시 비트코인에 관한 지식을 너무나도 얻기 힘들고 지금처럼 채굴이나 트레이딩 등이 어느 정도 정형화 되고, 많이 알려진 시기가 아니라 초기에 비트코인을 접했던 사람들은 거의 통과의례와 같이 피해 갈 틈도 없이 최소 2~3번씩은 각종 크고 작은 사기를 당하며 가진 자산을 거의 날려 침통한 세월을 보냈습니다.

다행히 2014년부터 비트클럽의 한국 사업 통역을 부업으로 계속 해오다가, 이 책의 저자인 이용갑 박사님을 알게 되었습니다. 박사님과 함께 제대로 된 투자를 하나씩 해보며 수익을 만들어낼 수 있었기에 이처럼 박사님의 책에 저의 수기가 올라가는 영광도 얻게 되었습니다.

박사님을 통해 알게 된 투자방식은 채굴회사에 지분을 투자하는 방식이었습니다. 채굴을 할 수 있는 방식을 제가 일찍 알았다면 절대 다른 채굴장에 투자를 해 엄청난 손해를 입지 않았을 것입니다. 제가 이러한 어려움을 겪었던 이유는 다행히 정말 엄청난 부의 기회인 비트코인에 대해서 한국에서도 누구보다 빨리 알게 되어 행운이긴 하였으나 '카더라' 식의 이야기를 듣고 욕심에 눈이 멀어 투자에 뛰어들었기 때문이었음을 알게 되었습니다. 그래서 제가 이제 비트코인을 접해 투자를 고려하시는 분들께 절대 욕심을 내지 말라고 말씀부터 드립니다.

지금까지 5년간 비트코인을 해오고 있고 앞으로도 계속 비트코인 관련 일을 하면서 살겠지만, 정말 누구보다 더 열심히 비트코인을 공부해왔고 직접 경험으로 배웠기에 이제는 욕심만 크게 부리지 않는다면 곧 안정된 삶을 누리게 될 것이라 확신합니다.

이용갑 박사님의 비트코인 서적과 강의는 논문처럼 근거 있는 자료를 기반으로 한 비트코인 연구의 집약체였기에 크게 도움이 되었습니다. 제가 이용갑 박사님의 비트코인 서적과 강의를 신뢰하는 가장 큰 이유이기도 합니다.

비트코인, 어렵고 위험하지만 제대로 된 투자처와 이 책과 같이 강력한 지식, 차가운 이성, 그리고 성실함을 가지고 꾸준히 노력한다면 이보다 더 안전하고, 훌륭한 투자처는 없다고 느낍니다.

나의 비트코인 체험수기

개인택시 기사 <김진무>

저는 개인택시를 20년째 영업하고 있는 사람입니다. 개인택시를 하기 전에는 공인회계사가 꿈이었습니다. 제가 고등학교시절 공인회계사 자격증을 성취하려면 스카이대를 나오지 않으면 꿈도 못 꾸는 어려운 시험이라 생각했습니다. 재수, 삼수를 했는데도 결국 원하는 대학에 들어가지 못하고 군에 입대했습니다.

군 제대 후에는 대학에 합격한다는 보장도 공인 회계사에 합격한다는 보장도 없으니 차라리 돈이나 벌어 부자가 되어보자 결심하고 직장생활을 시작했습니다. 새벽에 신문배달을 하고 직장에 나가서 근무하고 주말엔 건강식품 방문판매를 하면서 열심히 했는데도 부자는커녕 돈을 모으기가 쉽지가 않았습니다. 정말 제가 할 수 있는 한 안 해본 게 없을 정도로 열심히 살았는데도 세상이 저를 부자로 만들어주질 않더군요. 심지어 물류다단계에 빠져 그동안 모아놓은 돈마저도 다 날리고 빚더미에 앉는 처지가 되었습니다. 개인택시까지 날리게 되는 상황뿐만 아니라 가정파탄까지 이르렀을 무렵 제 아내가 마지막으로 저에게 기회를 주었습니다. 개인택시를 살려줄 테니 평생 먹여 살리라고.

  사람이 죽으라는 법이 없듯이 그 시기에 비트코인을 알게 되어 열심히 하다 보니 3년이 지난 지금은 택시기사로는 꿈도 못 꿀 '억대 수익'을 얻었습니다. 이용갑 박사님의 책제목이 '부의 기회 비트코인' 이었는데, 저는 그 책 제목에 공감했습니다. 하지만 비트코인은 노력을 안 해도 그냥 얻어지는 '복권' 같은 것이 아니라 꾸준히 공부하고 변화를 살펴보는 가운데 '기회'를 찾을 수 있음을 체험적으로 알게 되었습니다. 이용갑 박사님의 책과 강의를 부지런히 읽고 들으며 함께 부의 기회를 만들어온 결과 이처럼 이용갑 박사님 저서에 저의 수기까지 올리게 되었습니다.

  부의 기회는 계속되리라 생각합니다. 물론 저는 전문가가 아니기에 장담은 못하지만 적어도 비트코인 그냥 넘어갈 일이 아니라 봅니다. 제가 경험한 비트코인은 부의 새로운 기회 그 자체가 맞았기 때문입니다.

  저는 여전히 택시와 함께 생활합니다. 부도 중요하지만 저의 일도 소중하기 때문에 앞으로도 계속할 생각입니다. 먹고살기 위해 아등바등 거렸던 과거와는 느낌이 사뭇 다릅니다. 부의 기회와 혜택을 받은 만큼 봉사하는 자세로 택시운전을 하고 싶습니다.

Part 8

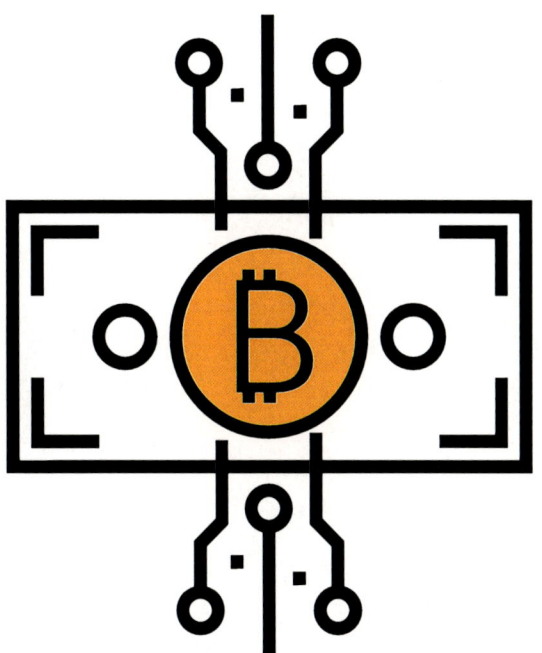

암호화폐시대 미래 전망

Part 8

암호화폐시대 미래 전망

비트코인 가격급등의 의미

비트코인 가격이 2017년 금값을 상회하였다. 왜 비트코인 값은 우상향 하는 것일까?

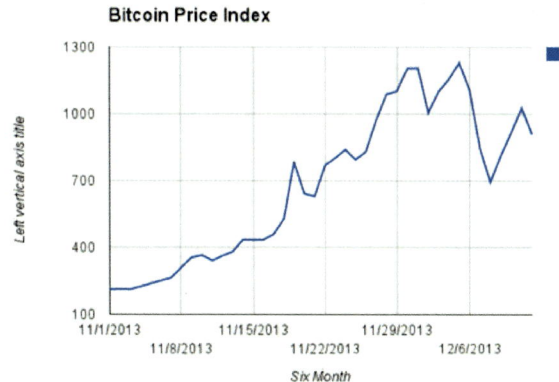

출처: https://cdn-images-1.medium.com/max/1600/0*1VNCOuOV99ikhq_x.png

비트코인 가격 급등은 이번이 처음은 아니다. 2013년에도 비트코인 한 개당 1,242달러로 최고치를 경신한 기록이 있다.

2017년의 비트코인 가격 급등의 요인은 비트코인 상장지수펀드[1](ETF)의 거래소 상장 가능성으로 추정된다. 미국에서는 이미 3개의 비트코인을 미국 증권거래위원회(SEC[2])에 ETF 상장을 신청하였다.

이름	추종지수	운용사	추진 거래소	특징
Winklevoss Bitcoin Trust	Winklevoss Index	Winklevoss Trust	Nasdaq	기초지수는 비트코인 가격 이동평균의 2시간 평균 사용
SolidX Bitcoin Trust	TradeBlock XBX Index	SolidX	Nyse	펀드 운용에 사용되는 실물 비트코인 손실에 대한 보험 적용
Bitcoin Investment Trust	-	Greyscale Investment	Nyse	OTC에서 거래중, 현재 미국 내 유일한 비트코인 투자 펀드
VanEck Vectors Bitcoin Strategy ETF	없음	VanEck	Nasdaq	액티브 ETF, 비트코인 포지션은 25%까지만 가져가며, 나머지는 Fixed-Income 투자

미국 비트코인 ETF 상장 신청 현황[3]

[출처: http://www.smallake.kr/wp-content/uploads/2017/09/NH투자20170912기타4.pdf]

비트코인 ETF 상장을 신청한 회사 중 Digital Asset Services, LLC 사는 4년 전에도 미국 증권거래위원회에 Winklevoss Bitcoin Trust를

---

[1] 상장지수펀드(Exchange-traded fund)란 KOSPI2000이나 특정 자산을 추종하도록 설계된 펀드를 말함(출처 : 네이버 지식백과, http://terms.naver.com/entry.nhn?docId=2835584&cid=42107&categoryId=42107)
[2] Securities and Exchange Commission
[3] NH투자증권, 비트코인 리서치, 2017.9.12. p.8

ETF 상장 신청하였다. 하지만 증권거래위원회는 시세조작 또는 불법 거래 방지에 관한 관리감독체계가 미비하다며 상장을 허가하지 않았다. 4년 전의 상장불허 이후 이번이 두 번째 ETF 상장 신청인 셈이다.

이러한 상장에 대한 기대는 비트코인 보유자들뿐만 아니라 헤지펀드들까지도 흥분시키고 있다. 비트코인 가격이 급등하면 비트코인에 대한 문의가 급증하게 되고 금융전문가인 헤지펀드들에게 상담신청이 급격히 늘어나기 때문이다. 이 과정에서 헤지펀드들이 직접 비트코인 투자에 뛰어들기도 한다.

전문가들은 비트코인을 안전자산으로 간주하여 금과 같이 금융위기에 기존 화폐를 대체할 수 있다는 장점 때문에 가격이 급등하는 것으로 보기도 한다. 아울러 비트코인 ETF 상장이 실현되면 기관의 자금이 유입될 수 있다는 기대감까지 커지고 있는 것으로 보인다.

비트코인은 2017년 10월 31일부터 시카고상품거래소(CME[4])에서 선물거래를 시작했다. 2017년 4분기부터 비트코인 선물계약이 시작됨에 따라 향후에는 비트코인 ETF 상장도 요원한 일만은 아닐 것으로 판단된다.

---

[4] Chicago Mercantile Exchange, http://www.cmegroup.com/

출처: http://www.cmegroup.com/

　시카고상품거래소 그룹의 명예회장인 레오 멜라메드(Leo Melamed)는 비트코인 선물 상장을 계기로 투자 과열현상도 진정될 것이라는 새로운 인식을 보여주었다. 이는 현재의 비트코인 가격 급등과 거래 급증을 하나의 거품현상으로 보고 있다는 의미이기도 하다. 그럼에도 레오 명예회장은 비트코인 선물을 긍정적인 관점으로 바라보면서 시카고상품거래소가 세계 최고 수준의 선물 상품을 설계하여 규칙을 설정함으로써 이 거품을 제거해 나가겠다는 적극적인 의지를 밝히기도 했다.

비트코인은 분화하는가!?

　일본에서는 2017년 8월 1일 오후 9시 20분부터 UAHF[5](User Activated Soft Fork)가 시행되었다. 이로 인해 비트코인이 둘로 쪼개졌다. 하나는 기존의 비트코인, 다른 하나는 비트코인 캐시다.

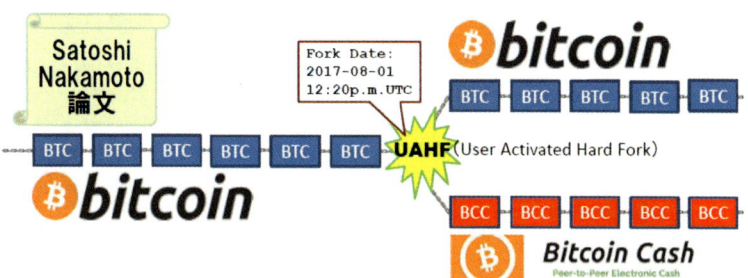

출처: https://www.waseda.jp/fcom/wbs/assets/uploads/2017/08/475c3516b0123d903dfbe82c532577dd.pdf#search=%27E3%83%93%E3%83%83%E3%83%88%E3%82%B3%E3%82%A4%E3%83%B3+pdf%27

이번 분화는 이용자들에게는 더 많은 혜택을 준다. 기존에 사용하던 비트코인에 더해 비트캐시까지 구매가 가능하다. 가지고 있던 비트코인의 양만큼 비트캐시도 보유할 수 있게 되었다.

분화의 본질은 패권 다툼이 가능성이 크다. 분열 후의 비트코인, 비트캐시 거래실태나 가격이 어떤 결과를 가져오는지에 따라 비트코인의 미래가 결정될 것이다. 비트코인 분화의 직접적인 원인은 비트코인 적체와 거래 승인 지연 등이다. 이를 '스케일링' 문제라고도 한다.

비트코인 스케일링 문제에 대한 이해관계자 간 의견 대립이 결국 비트코인의 분화를 불러 일으켰다. 비트코인 이해관계자란 주로 유럽과 미국의 비트코인 코어 개발자, 과반수이상이 중국기업으로 구성된 비트코인 채굴자 등이다. 승인 지연의 원인은 1MB의 블록 저장

용량 때문인데 이를 해결하려면 SegWit[5]를 도입하거나 블록 저장용량을 업그레이드해야 한다. 비트코인 이해관계자 회의에서 비트코인 코어 개발자는 SegWit 도입을, 비트코인 채굴자는 블록 저장용량 업그레이드를 주장했다. 이러한 의견 차이는 결국 비트코인 분화를 가져왔다.

사실 비트코인 코어 개발자들이 SegWit 도입을 추진하려 하였으나 UASF 시행 예정일인 8월 1일이 되기 전 타협이 되어 SegWit 도입과 블록 저장용량 업그레이드의 절충안인 SegWit2x가 채택되었다.

ICO[6] 각국 규제방향과 미래

ICO가 안고 있는 문제는 여러 가지다. 우선 자금의 추적이 어렵다는 점. 기존의 은행 등 금융기관이 관여하지 않기 때문에 통화의 흐름 추적이 쉽지 않다. 둘째, 국경을 초월하여 거래가 이루어지기 때문에 해외로부터 정보를 취득하거나 이를 이용하기가 곤란하다. 셋째, 중앙기관이 없다는 점. 암호화폐 이용자 정보를 수집하는 중앙기관이 없기 때문에 정보원이 한정될 수밖에 없다. 넷째, 암호화폐의 동결 또는 보호가 어렵다. 암호화폐를 보유하고 있는 투자자의 자금을 보호하기 어렵다.

---

[5] 블록체인 내 장황한 서명 데이터를 제거하는 것
[6] 가상화폐공개

중국은 2013년 12월 비트코인의 결제 중지를 요청했다. 중국인민은행은 2017년 9월에 ICO 전면금지를 발표하기에 이르렀고 급기야 일부 거래소가 폐쇄를 결정하게 되었다. 일본에서는 2017년 4월에 실시한 개정 자금결제법에 따라 암호화폐에 대한 정의나 이용자 보호를 위한 암호화폐 교환업의 등록제 도입 등을 실시하였다.

우리나라는 2017년 9월 암호화폐나 ICO의 규제와 처벌에 관한 검토를 시작하였다. 영국은 2017년 9월 ICO 투자에 대한 주의를 환기시키고 ICO가 증권으로 간주할 경우 안내책자 발행이 필수적일 것이라는 견해를 발표하였다. 싱가포르 역시 2017년 8월에 이미 조건에 따라 증권이라고 간주될 경우의 견해를 발표하였다.

최근 미국이 자국의 무역적자를 문제 삼으며 달러 약세를 유도하고 있으며 위안화 약세를 틈타 상당부분 중국 자금도 암호화폐 시장으로 유입되었다. 이런 상황에서 비트코인 등 암호화폐가 부상하기 시작했으며 이는 달러, 위안화 등 기존 화폐시스템에 아주 미미하게 영향을 미칠 수 있으나 그렇다고 법정 통화로 성장할 가능성 또한 매우 희박하다고 할 수 있다.

화폐는 일반적으로 가치의 저장, 가치의 척도, 교환의 매매기능 역할을 수행한다. 물물교환의 대상이 될 만큼 가치 실체가 있어야 하며 전 세계적으로 쓸 수 있을 만큼 수량이 충분해야 하며 그 가치의 변동성이 크지 않고 안정적이어야 한다.

그러나 대표 가상통화인 비트코인은 어떠한가? 신용을 보장해 줄 발행주체가 없다. 정해진 공급량, 채굴량에 대해시장 참여자들의 암묵적 합의로 가치가 형성되어 있을 뿐이다. 적정한 가치에 대한 평가가 부재한 것이다. 물론 가치의 저장기능은 가능할 수 있으나 그 가치의 변동성으로 인해 교환의 기능은 힘들 것으로 판단된다.

예를 들어 난이도가 매우 어려운 비트코인을 채굴하면 할수록 그에 대한 기대감 및 채굴량 증가에 따라 가격은 급등(수요 증가)할 수 있으나 반대로 언제든지 매도, 차익실현 욕구에 의해 가격이 급락할 위험이 상존한다는 점이다. 단순히 주식의 움직임을 생각해 보면 될 듯하다. 그리고 24시간 매매가 가능하며 가격 제한 폭이 없다는 점에서 기본적인 화폐로써의 교환 및 가치 측정의 기능이제대로 수행될 수 있을까? 내재가치 및 밸류에이션 평가 기준 부재, 그리고 수요의 변화로 인해 가격의 변동성이 매우 커 결제수단으로 사용하기에는 상당한 제약요인이 있다는 점을 상기할 필요가 있다.

이런 불안정 요소로 인하여 각국에서는 규제의 칼날을 대기 시작했다. 하지만 규제만이 능사인지도 한번 생각해보아야 한다.

그렇다면 왜 규제에 대한 접근으로 흘러가는지도 생각해보아야 한다. 그럼에도 미래는 밝아 보인다. 과연 왜 그럴까?

암호화폐는 제한된 공급량, 수요 증가, 위안화 약세에 따른 중국 자금 유입 등으로 가파른 가격 상승세가 나타나 신규 매수 및 추가 매수하기에는 부담스러운 것이 사실인데 단기 버블임에도 불구하고 암호화폐 시장이 사업 초기라는 점, 그리고 4차 산업혁명시대의 필수 기술인 '블록체인'이 우수한 보안성을 기반으로 다양한 산업으로 발전이 가능하다는 점, 또 다른 획기적인 암호화폐가 언제든지 출시 가능하며 제한된 공급량이라는 암호화폐의 희소가치 부각, 주식 거래 대비 차별화 요인 부각, 선진국에서 자산으로 인정을 받고 있다는 점 등을 감안하면 여전히 추가 상승도 가능하다고 판단되기 때문이다.

현재 미국에서는 시카코 옵션거래소(CBOE)와 미국 상품선물거래위원회(CFTC)가 비트코인 관련 옵션 및 선물 거래를 허용함에 따라 기관의 비트코인 보유가 늘어날 것으로 전망되고 있으며 오토노머스 넥스트의 추산에 따르면 현재시중에 나온 비트코인 관련 펀드는 55개에 이르는 것으로 추산하고 있다. 또한 향후에는 비트코인 등 암호화폐와 관련된 다양한 ETF도 출시될 것으로 예상되는 만큼 암호화폐 관련 시장의 성장은 열려있다고 생각된다.

궁금증해결
비트코인 완전규제는 가능할까요?

중국의 사례로 보면 비트코인 완전규제는 불가능해 보입니다. 중국 당국에서 엄청난 규제를 해도 중국 투자자들은 여전히 비트코인을 거래하고 ICO에 참여하고 있습니다. 중국 비트코인 시장 규제에도 여전히 활황임은 비트코인 규제가 불가능하다는 것을 보여줍니다.

국가별 비트코인 미래 전망

미국, 영국, 일본, 독일 등 주요국가의 현황과 전망을 알아보기로 한다. 아래 미국~일본의 분석내용은 〈황종모, 한승우. 해외 주요국 디지털화폐 관련 제도 및 시장 현황. 2017.1 〉(http://www.fsec.or.kr)의 분석자료 임을 밝히며 독자들 역시 읽어보면 큰 도움이 되리라는 판단아래 일부내용을 발췌, 소개한다.

1)미국

연방정부 차원에서 비트코인 규제안은 별도로 마련하고 있지 않으며 자금세탁, 불법금융 등 사용금지에 대해서는 개별 기관들이 그 관할영역에 대하여 권한행사여부를 검토하고 있다. 뉴멕시코, 사우스캐롤라인 등 5개 주(州)에서는 비트코인 거래를 규제 없이 허용하고 있으며, 뉴욕 州 금융서비스국(NYDFS)은 2015년 6월 디지털 거래소의 투명성을 제고하기 위해 "건전성 감독규정"을 제정, 비트라이선스(BitLicense)를 도입하여 비트코인에 대한 규제를 적용하였다.

규정에 따르면 디지털화폐 거래소, 디지털화폐 교환소, 디지털화폐 발행업체, 디지털화폐구매 및 판매 대행(개인용도 제외), 디지털화폐 보관/관리 업체 등 디지털통화사업자는 해당 감독규정을 만족시키기 위해 비트라이선스를 취득해야 영업이 가능하다. 비트라이선스 허가를 위해서는 고객 자산보호, 디지털화폐 거래 영수증발급, 디지털화폐 거래의 위험성에 대한 고지, 자금세탁방지 규정 준수, CISO지정 등의 사항을 충족해야 한다. 비트라이선스는 비트코인 등 디지털화폐를 다루는 맞춤형 규제 방식으로 비트라이선스를 취득하기 위해선 등록비 5,000달러를 지불해야 하며, NYDFS의 결정에 따라 등록비는 추가 발생할 수 있다.

비트라이선스를 최초로 부여받은 업체는 보스턴에 본사를 둔 서클(Circle Internet Financial, 2015년 9월)이며, 이후 리플(Ripple Labs Inc, 2016년 8월)이 추가로 승인을 받았다. 뉴저지 州에서도 비트코인 규정을 준비 중이며, 추가로 비트코인 거래소를 위한 세금우대조치 제공을 고려하고 있다. 노스캐롤라이나 주(州)의 경우, 비트코인 소비자보호와 돈세탁 금지를 위한 비트코인 규정을 조사 중에 있으며, 코인 베이스, 리플 랩 등의 비트코인 회사가 위치한 캘리포니아 州에서는 5,000달러의 등록수수료, 사업자정보, 고객의 자산 보호를 위한 충분한 자금이 있어야만 비트코인 관련 기업 운영이 가능하도록 규제하고 있다.

2) 영국

영국은 비트코인을 세계 최초로 법정통화로 인정하고 있으며, '민간통화(Private Currency)'로 분류하고 있다. 특히 맨 섬(Isle of Man)에서는 비트코인 사업체들을 규제하기 위해 범죄 수익법(2008)을 개정하였으며, 디지털화폐를 이용하는 모든 기업(채굴업체, 코인 발행업체, 거래소, 보관업체, 결제처리업체 등)이 규제대상에 포함한다. 기업들은 자금세탁방지법 적용을 위해 고객확인의무(KYC)이행과 금융서비스위원회(FSC) 등록 절차가 필요하다. 디지털화폐 사업자는 전자화폐 규제에 따라 전자화폐 기관으로 등록하거나 허가를 받아야하며 자금세탁규정을 준수해야 한다. 총 전자화폐 자산이 5백만 유로를 초과하지 않거나 월 평균 매출액이 3백만 유로를 넘지 않는 사업자는 소형 EMI로 등록이 가능하며, 총 자산이 5백만 이상하거나 매출액이 3백만 유로를 초과하는 등 소형 EMI 자격 요건에 해당되지 않는 사업자의 경우 사업계획, 결제서비스 구조, 자본적정성, 유동성 등을 명시한 신청서를 제출하면 심사 결과(3~12개월 소요)에 따라 공인 EMI로 허가를 받게 된다.

영국 내부적으로 중앙은행의 자체 디지털화폐 도입에 관한 논의가 꾸준히 진행 중에 있다. 2015년 5월 씨티은행은 중앙은행이 발행하는 디지털화폐 도입이 필요하다는 보고서를 재무부에 제출했으나 2016년 3월 영국은행의 벤 브로드벤트부총재는 중앙은행의 디지털화폐는 상업은행의 비즈니스에 위험을 야기할 수 있다고 지적했다.

3) 독일

비트코인을 상업적으로 활용하는 경우 독일 연방은행법

(KWG, Krediwesengesetz)따라 금융당국의 허가가 필요하며, 허가를 얻지 않은 경우에는 독일 연방은행법제54조에 따라 형사처벌대상에 해당된다. 사업자는 독일 연방은행법 제32조에 제시된 사업계획, 관리자명, 평가자료 등에 대해 상세히 명시하여 독일연방금융감독기구(BaFIN)에 제출하면 조건에 부합하는 경우 서면 허가를 받을 수 있다.

독일 소재 비트코인 거래소 bitcoin.de는 독일연방금융감독기구로부터 금융중개기관(Finance Intermediary) 허가를 받았으며, 뮌헨 소재의 피도르은행과 파트너십을 체결하고, 고객들은 은행에서 제공하는 계좌를 이용해 실시간으로 비트코인 거래소에서 비트코인 매매를 할 수 있다. 또한 비트코인을 통한 통화환전의 낮은 수수료로 인해 좋은 평가를 받고 있으며 베를린 내 여러 상점에서는 비트코인을 이용한 결제가 가능하다.

4) 일본

2016년 5월 일본은 디지털화폐에 전자결제, 송금 등 결제수단으로서의 기능을 부여하여 디지털화폐 거래에 대한 규제 및 이용자 보호의 법적 근거를 마련하기위한 자금결제 법 개정(안)을 가결하였다. 본 법안에 따르면 디지털화폐를 자산과 같은 가치(Asset-like values)로 인정하고, 이용자 보호를 위해 거래소 등록제를 신설하여 디지털화폐 거래업을 행하기위해서는 내각 총리대신의 등록을 받도록 하고 일정 필요조건을 충족 시 등록을 허가한다. 2015년 10월 기준 비트코인 이용자수는 약 3만 명이며, 결제가능 점포는 약 1000개, 1일 거래량은 약 6억 엔으로 그 수는 급증하고 있는 추세이다.

자금결제법 개정으로 디지털화폐 관련 사업 및 유망 스타트업에 주요 금융사와 투자자들의 투자 또한 확대되고 있다. 또한 디지털화폐 관련 보험이 등장하여 거래소 또는 계좌에 보관된 디지털화폐가 사이버 공격 등으로 도난당할 경우 그 피해를 보상해준다.

이상은 IResearchl 해외 주요국 디지털화폐 관련 제도 및 시장 현황의 해외 분석자료이다.
세계는 지금 비트코인, 블록체인 등의 디지털화폐 신기술을 향해 빠르게 변화하고 있는 중이며 신규사업, 미래 먹거리로 여기는 중임을 알 수 있다.

궁금증해결
일본 암호화폐 시장의 움직임은?

일본은 비트코인 거래 세계 1위의 국가입니다. 암호화폐 투기 열풍을 우려해 중국과 한국이 강도 높은 규제책을 내놓은 것과 달리 일본은 암호화폐 투자시장과 관련 핀테크(금융기술)산업 활성화하고 있습니다. 신기술에 대하여 일본은 새롭게 받아들여 자신의 것으로 만들고 있습니다.
1868년 메이지유신(明治維新)으로 한국/중국과 전혀 새로운 길을 개척한 것이 떠오릅니다. 우리도 문을 걸어 잠그는 역사적 전처는 밟지 말아야 할 텐데요.

궁금증해결
중국 암호화폐 시장은 어떤가요?

중국 정부는 중국 내 암호화폐 거래소를 잠정폐쇄하되 장외거래(OTC)는 허용하는 분위기입니다. 시진핑 국가주석이 중국 금융 시장의 투기를 줄이기 위한 장기적인 노력에 나선 것이라 평가받습니다. 암호화폐 시장에서 중국이 도태될 가능성도 보여집니다.

중국은 암호화폐에 대한 규제를 시작하였다. 중국 당국은 거래소만이 아니라 중국 내에서 암호화폐 거래자체를 전면 금지하기로 결정하였다. 이로 인해 2017년 9월 중국에서 두 번째로 큰 암호화폐 거래소인 BTCC가 폐쇄되었다. 중국 인민은행이 ICO를 불법으로 규정하였기 때문이다. 시진핑 국가주석이 중국 금융시장의 리스크를 줄이기 위해 장기적으로 정책을 강화할 것으로 보아 중국의 비트코인 규제는 앞으로도 계속될 것으로 전망된다.

미국의 경우 암호화폐에 대해 긍정적인 분위기이다. 월가에서도 암호화폐 시장에 주목하기 시작하였다. 피델리티자산운용의 애비게일 존슨 최고경영자는 2017년 5월 암호화폐 자산운용의 선구자가 되겠다고 밝혔다. 또 자사 직원식당에서 비트코인으로 결제할 수 있는 시스템을 도입하였다. 미국 증권거래위원회(SEC)에서는 비트코인 상장지수펀드(ETF)의 상장 여부를 재검토하고 있다. 만약 비트코인 ETF가 상장되면 암호화폐는 법정화폐에 버금가는 통화로써 역할을 할 수도 있다.

일본은 암호화폐의 천국으로 불린다. 미용실, 레스토랑 등 일상생활에서 비트코인을 쉽게 사용할 수 있다. 2017년 4월 일본정부가 비트코인을 결제 수단으로 인정했기 때문이다. 또한 일본 정부는 암호화폐에 부과하던 8%의 소비세도 전격 폐지했다.

전 세계 비트코인 거래 규모도 일본이 단연 1위다. 일본의 기업들은 매우 적극적이다. 비트코인 결제 시스템을 활발히 도입하고 있다. 일본 최대의 가전제품 매장인 '빅카메라'도 약 59개의 점포에 비트코인 결제 시스템을 도입했다. 일본의 대표적인 저가항공 피치항공도 2017년 말부터 비트코인으로 항공권을 예약할 수 있는 서비스를 제공할 것이라고 밝혔다.

출처: http://japan-all.com/101

일본 금융권도 들썩이고 있다. 미즈호파이낸셜그룹은 암호화폐 'J코인'을 만들고 있으며 엔화와 등가 교환이 가능하도록 한다는 계획을 밝혔다. SBI홀딩스는 'S코인'을 발행하고 있다. 이어 암호화폐 거래소도 준비하고 있다.

가장 주목되는 국가는 러시아다. 러시아 정부는 2018년까지 돈세탁 방지를 위해 비트코인을 합법적인 금융상품으로 인정할 계획임을 밝혔다. 또한 러시아 중앙은행은 암호화폐를 합법화하고 관련 규제를 만들고 있는 것으로 알려졌다. 정책뿐만 아니라 시장동향도 밝은 편이다. 러시아에서 가장 큰 온라인 소매업체는 2017년 9월부터 비트코인 결제 시스템을 도입하였다. 러시아의 이러한 긍정적인 변화는 중국 정부의 암호화폐에 대한 강한 규제와 조치로 인해 발생한 비트코인 망명 인구를 흡수하는 스펀지 역할을 하고 있다.

독일은 비트코인을 사적 거래에서도 이용이 가능하도록 법정 민영화폐로 인정하였다. 비트코인을 통한 거래에 세금을 부과할 수 있는 것이다. 독일 내에서는 베를린이 비트코인 사용이 활발하다. 베를린 내 여러 상점에서 비트코인을 이용한 결제가 가능하고 온라인에서도 쉽게 사용할 수 있다. 또 독일의 한 잡지회사는 직원들에게 월급의 일부를 비트코인으로 지급하기도 하였다.

호주에서는 2017년 7월부터 비트코인이 정식 지급결제수단으로 인정되면서 미래 암호화폐 전망이 밝아질 것으로 보인다. 또 암호화폐로 물건을 구매할 경우 호주에서는 부가가치세가 부과되지 않아 많은 사용자들을 확보할 수 있을 것으로 분석된다.

주요 암호화폐의 통화별 거래량을 살펴보면 우리나라와 미국, 일본의 암호화폐 미래 전망은 밝다고 할 수 있다. 비트코인은 엔화가 가장 많이 거래되고 있으며 이더리움은 달러와 원화가 대부분을 차지하고 있다. 이미 우리나라의 암호화폐 시장규모는 세계적 수준이다. 전 세계 상위 10위권의 암호화폐 거래소를 두 곳이나 보유하고 있다.

암호화폐에 대한 글로벌 리더의 생각 - 빌게이츠, 오바마, 푸틴, 스티브잡스 등

MS는 비트코인을 적극 받아들이는 기업으로 유명하다. 그도 그럴 것이 빌 게이츠는 '비트코인이 달러보다 낫다'는 의견을 2014년에 이미 피력한 바 있다.

빌게이츠가 비트코인을 지지하는 이유는 물리적으로 접촉할 필요도 없고 큰 거래에 있어서도 번거로움이 없다는 비트코인의 장점 때문이다. 2014년 12월 빌 게이츠는 비트코인 커뮤니티에 크리스마스 선물을 보내기도 하였다. 그 선물은 MS 온라인 스토어에서 비트코인을 결제수단으로 채택한다는 사실이었다. 2017년 7월 MS는 유엔의

글로벌 공익사업에 '글로벌 시민 신분 증명에 블록체인 네트워크'를 도입하기도 하였다.

말이 필요 없는 시대의 선구자 스티브잡스도 비트코인에 대해 긍정적인 발언을 하였다. 잡스는 살아생전에 "암호화폐는 유행이 아니다. 비트코인을 잡지 못했다면 반드시 다른 코인을 잡아라"고 조언하였다.

> **빌 게이츠 "비트코인, 화폐보다 낫다"**
> 빌 게이츠는 10월2일(현지시각) 블룸버그TV 〈스트리트 스마트〉 꼭지에서 비트코인에 관한 질문을 받았다. 그는 비트코인이 "흥미진진하다"라고 답했다. 비트코인이 금융 거래 비용을 획기적으로 낮췄다는 이유에서다.
>
> (중략)
>
> 빌 게이츠는 거래 비용을 낮출 해법이 필요하다고 봤다. 하지만 비트코인이 해법이냐는 의견에는 회의적인 반응을 보였다. 비트코인이 지닌 익명성이라는 특징 때문에 대중이 받아들이기 어렵다는 게 그의 의견이다.
>
> "우리가 말하는 사용자는 익명이 되려고 하지 않아요. 오히려 잘 알려지려고 노력하죠. 비트코인은 열쇠일뿐입니다. 여러분은 일반 대중에게 비트코인이 테러 활동이나 돈세탁과 전혀 관계가 없다고 확신을 주기 위해 비트코인에 기능을 더하거나 비슷한 기술을 만들 수 있겠죠."
>
> 출처: 블로터뉴스 2014.10.03. 안상욱 기자
> http://www.bloter.net/archives/208693 에서 일부 발췌

미국의 오바마 전 대통령도 블록체인기술에 대하여 깊은 관심을 드러내며 암호화폐에 대한 긍정적인 발언을 한 적이 있다. 오바마는 비트코인의 블록체인 기술을 두고 "개인 스마트폰에 스위스 은행계좌를 가진 것과 같다"는 표현을 하였다.

버락 오바마 미국 전 대통령
오바마 대통령시절, 국방부 관료 였던 Eric Rosenbach 정부 기관과 민간 기업이 블록체인 기반에 대해 투자해야 한다고 말했습니다.

The US should promote investments in blockchain-based solutions as part of a broader fight against cyberthreats, a former US Defense Department official has said.

Eric Rosenbach, in testimony before the US Senate Foreign Relations Committee earlier this week, said that government agencies and private-sector businesses should collaborate to "incentivize investment in cloud-based security, blockchain-enabled transactions and quantum computing", according to a published draft of his remarks.

"As I mentioned, reducing the benefits that adversaries derive from cyber and information operations is a key aspect of bolstering our deterrence posture," he told the committee.

Rosenbach most recently served as US Secretary of the Army, a position within the Department of Defense, between May 2016 and January 2017, leaving his post when President Barack Obama exited office that month. He previously served as a chief of staff to the Secretary of Defense, as well as a stint as Secretary of the Air Force.

> He's not the only one to call for such actions, but in a way, some of that work has already advanced in the past year.
>
> Last month, Lockheed Martin, one of the largest US defense contracts, announced it is incorporating blockchain into its supply chain operation as part of a cybersecurity initiative.
>
> The US Department of Homeland Security has doled out a number of grants of as part of a push toward, and in January, the government-backed National Science Foundation revealed that it wants to spend millions of dollars fueling research in this area.
>
> 출처: 코인데스크닷컴(Jun 15, 2017) http://www.coindesk.com/former-dod-executive-investment-in-blockchain-should-come-more/

    러시아 대통령 푸틴은 암호화폐에 대해 '디지털 경제는 동떨어진 산업이 아니다. 새로운 비즈니스 모델 창출을 위한 원동력'이라고 밝혔다. 따라서 2018년 7월까지 ICO의 법적절차 등 암호화폐 관련 규제를 만들어 통제할 수 있는 법적 근거를 마련하겠다는 입장을 보였다.

    특히 비트코인 다음으로 암호화폐시장 2인자의 자리를 차지하고 있는 이더리움이 푸틴 대통령의 관심을 끌고 있다. 이더리움은 석유와 가스 등 자원 의존경제를 벗어나 러시아의 경제 구조 다변화를 이끌 잠재력에 집중하는 듯하다.

> **푸틴 러시아 대통령, 비트코인의 가장 큰 라이벌 이더리움에 관심을 갖다**
> Vladimir Putin Is Getting Interested in Bitcoin's Biggest Rival
>
> Ethereum, the world's largest cryptocurrency after bitcoin, has caught the attention of Vladimir Putin as a potential tool to help Russia diversify its economy beyond oil and gas.
>
> Putin met Ethereum founder Vitalik Buterin on the sidelines of the St. Petersburg Economic Forum last week and supported his plans to build contacts with local partners to implement blockchain technology in Russia, according to a statement on Kremlin's website.
>
> "The digital economy isn't a separate industry, it's essentially the foundation for creating brand new business models," Putin said at the event, discussing means to boost growth long-term after Russia ended its worst recession in two decades.
>
> Virtual currencies could help the economy by making transactions happen more quickly and safely online. Besides being a method of exchange, Ethereum can also serve as a ledger for everything from currency contracts to property rights, speeding up business by cutting out intermediaries such as public notaries.
>
> Russia's central bank has already deployed an Ethereum-based blockchain as a pilot project to process online payments and verify customer data with lenders including Sberbank PJSC, Deputy Governor Olga Skorobogatova said at the St. Petersburg event. She didn't rule out using Ethereum technologies for the development of a national virtual currency for Russia down the road.
>
> 출처: 블룸버그통신 By Ilya Khrennikov 2017. 6. 6
> https://www.bloomberg.com/news/articles/2017-06-06/putin-eyes-bitcoin-rival-to-spur-economic-growth-beyond-oil-gas

한편 유명인사들 중에서도 비트코인에 부정적인 견해를 가진 이들이 있다. 그 대표적인 예가 바로 워렌버핏이다. 워렌버핏은 2017년 10월 미국 네브레스카 주 대학 비즈니스 스쿨 학생들과의 토론 자리에서 "비트코인은 진정한 버블 상태"라고 말하기도 하였다. 특히 그는 비트코인은 가치를 평가할 수 없어 가치창출이 불가능하다고 주장하였다. 워렌버핏은 이에 그치지 않고 "비트코인은 신기루일 뿐이니 가까이 하지 말라"고 경고하기까지 했다. 이러한 발언의 배경에는 워렌버핏이 그동안 코카콜라나 아메리칸 익스프레스 등의 비 IT 기업에만 투자해 왔다는 사실을 반증한다. 한편 최근 워렌버핏은 그동안 "구글, 애플, 알리바바에 투자하지 않은 것이 후회 된다"는 말을 남겨 조만간 비트코인에 대한 입장도 바뀌지 않을지 귀추가 주목된다.

이러한 입장에도 불구하고 암호화폐 전문가들은 이러한 거품이 오히려 긍정적인 신호라고 보고 있다. 블록체인 소프트웨어 개발업체 컨센시스의 창업자 조셉 루빈은 암호화폐의 거품은 "엄청난 기술이 출현할 때 발생하는 종류의 거품으로 모든 사람들이 이 기술에 대

한 비전과 가치를 주목하고 있지만, 그 기대에 비해 기본 체제가 빠른 성장을 하지 못하는 경우에 발생하는 거품"이라고 단언하였다. 또 이러한 거품은 관련 업계의 내공을 더 탄탄하게 하는 밑거름이 될 것이라는 말도 덧붙였다.

블록체인 기술과 사물인터넷

블록체인 기술은 사물인터넷에도 활용이 가능하다. 조작이 불가능하다는 장점 때문에 블록체인 기술은 사물인터넷의 데이터를 처리하는데 매우 유용하다.

사물인터넷을 응용한 서비스 중에는 다자간 협업 기술을 포함하는 경우가 있는데 이때 각 서비스의 단계별 처리내용과 방법에 대한 투명성 보장이 필수적이다. 또 상호 간 공유정보는 무엇보다 정확해야 할 필요가 있다. 따라서 분산형 처리방식을 주로 선택하게 된다.

사물인터넷의 다자간 협업 및 분산형 처리 방식에 활용되는 블록체인 기술은 정보보호 뿐만 아니라 트랜잭션[7] 데이터 전송이나 저장, 처리를 가능하게 한다. 여기서 사물인터넷의 다자간 협업 처리 형태

---

[7] 실시간 데이터 처리 형태 중 하나로 데이터의 발생 지점에서 조작원이 입출력을 하는 동안 중앙 컴퓨터로부터 유도를 받아서 틀린 입력이나 받아들일 수 없는 입력을 하는 경우 오류 메시지의 응답을 받음과 동시에 미리 정해진 트랜잭션을 처리하여 필요한 데이터베이스를 갱신하는 방식(출처 : 네이버 지식백과, http://terms.naver.com/entry.nhn?docId=860889&ref=y&cid=42346&categoryId=42346)

를 '서비스 그룹핑(Service Grouping)[8]'이라고 부른다. 이러한 서비스 그룹핑 과정에서 각각의 트랜잭션 데이터는 사물인터넷 사용자간 또는 사물인터넷 서비스 그룹 내 세부 체인들 간에 투명하고 공정하게 공유되어야 체계적이고 연속적인 서비스 결과를 도출해 낼 수 있다. 결국 사물인터넷 체인들 간의 투명하고 공정한 정보공유를 블록체인 기반의 서비스 체이닝(Service Chaining) 기술로 해결이 가능하다.

사물인터넷으로 연결된 다양한 기기들은 여러 노드를 통해 정보를 수집한다. 예를 들면 실시간으로 주변정보를 수집하는 센서노드를 비롯해 수집한 정보를 전달하는 싱크노드, 데이터를 취합하여 가공하는 마스터노드[9] 등이 대표적이다. 이 노드들 사이에 인증이 반드시 필요하며 블록체인 기술은 각 노드의 인증 정보를 분산형 데이터베이스에 저장할 수 있다. 분산형 데이터베이스에 저장된 인증 정보는 사물인터넷 기기 간 신뢰성 있는 데이터통신을 가능하게 한다.

---

[8] 블록체인 기반의 분산형 사물인터넷 서비스 체이닝 기술에 관한 연구, 최영환 · 정의현 · 박정수, 한국통신학괴 하계종합학술발표회, 2017

[9] 산업 IoT 환경에서 블록체인을 활용한 노드 인증, 위사랑 · 이수연 · 정태명, 한국통신학회 하계종합학술발표회, 2017

[그림] 노드 인증 과정

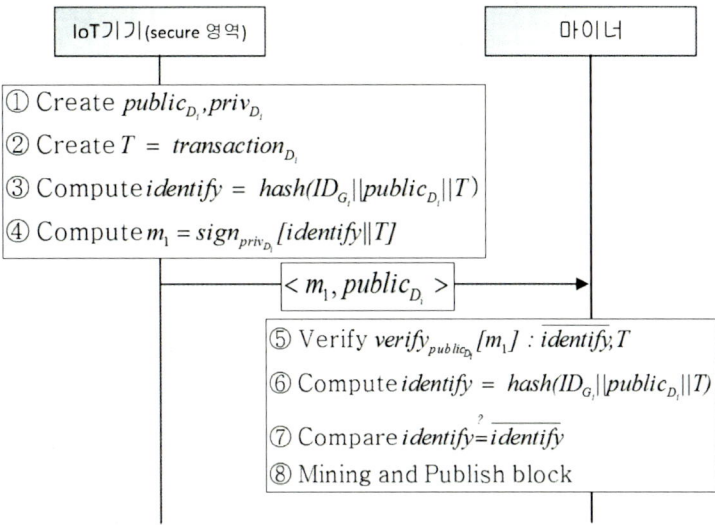

출처: https://www.kics.or.kr/storage/paper/event/20170621_workshop/publish/4B-4.pdf

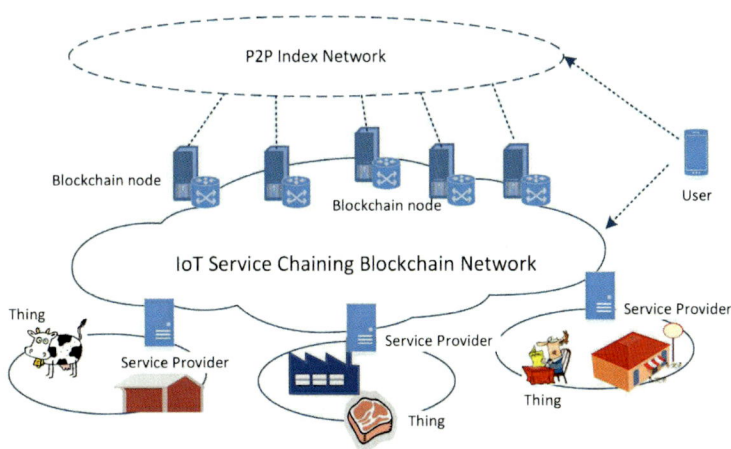

출처: https://m.kics.or.kr/storage/paper/event/20170621_workshop/publish/15E-2.pdf

사물인터넷으로 연결된 기기들은 각 노드의 인증이 끝나면 기기 간 데이터 통신을 시작한다. 이때 데이터의 메시지를 전송받은 기기는 각각의 메시지를 인증한다. 기기는 센서노드에서 싱크노드로 인증을 수행하고 검증자는 싱크노드에서 마스터노드로 인증을 실시한다.

[그림] 메시지 인증 과정

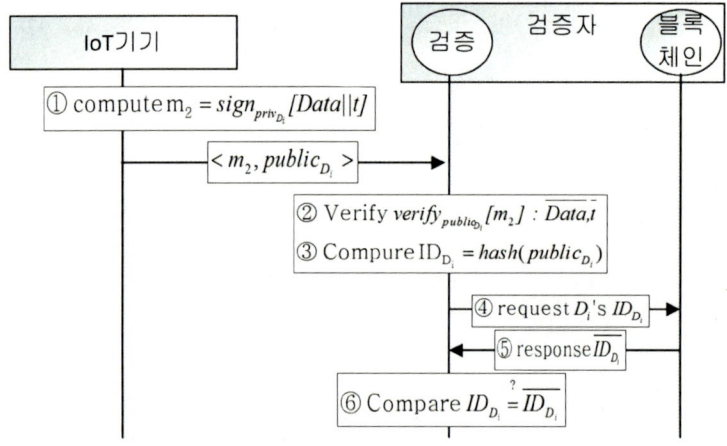

출처: https://www.kics.or.kr/storage/paper/event/20170621_workshop/publish/4B-4.pdf

 **궁금증해결**
빌게이츠가 비트코인을 말했을 때 무엇을 강조했나요?

빌게이츠는 2015년 인터넷 커뮤니티 '레딧'이라는 사이트에 직접 네티즌과 질문, 답변을 가졌습니다. 빌게이츠는 비트코인에 대하여 아주 재미있는 신기술이라 평가했죠. 그리고 나서 첫째, 가난한 사람들이 실제로 쓰는 자기 지역 통화에 대한 가치가 수시로 변하는 돈을 써선 안 됩니다. 둘째, 실수로 다른 사람에게 송금할 경우에 이를 되돌릴 수 있어야 한다고 강조했습니다. 비트코인과 관련한 시도들이 거래비용을 줄일 수 있어야 하며 익명성으로 테러에 이용되는 건 경계해야 한다고 평했습니다.

보다 자세히 **동영상 Tip**

미국 프린스톤 대학교 비트코인 강좌
Bitcoin and Cryptocurrency Technologies Online Course
미국 프린스톤 대학교 온라인코스 영어강좌를 통해 심도 있게 배울 수 있습니다.

해외 암호화폐 동향과 미래 금융

미국 암호화폐 시장동향은 비트코인을 지급수단으로 인정하는 다양한 서비스들의 등장으로 관련 산업이 성장하고 있는 추세다. P2P

방식의 대출 서비스, 비트코인을 이용한 예금 서비스, 선물 거래, 소셜 네트워크 서비스, 게임 플랫폼은 물론 전기 자동차 판매까지도 가능하다.

시장이 활성화한 만큼 미국에서는 규제정책도 앞서가고 있다. 미국은 연방정부가 아닌 개별 기관들이 암호화폐의 규제를 담당하고 있다. 그러다보니 각 주마다 규제현황과 암호화폐의 동향이 다르다. 예를 들면 뉴멕시코, 사우스캐롤라인 등 5개 주는 비트코인에 대한 규제가 없다. 반면 뉴욕의 경우 금융서비스국(NYDFS)에서 '건전성 감독규정'을 제정하였다. 따라서 암호화폐 거래소, 암호화폐 교환소, 암호화폐 발행업체, 암호화폐 구매 및 판매 대행, 암호화폐 보관 및 관리 업체 등 암호화폐 사업자들은 영업을 위해 비트라이선스라는 자격을 취득해야 한다.

노스캐롤라이나 주에서는 비트코인 사용자를 보호하기 위해 돈세탁 금지 규정을 만들고 있다. 캘리포니아 주도 비트코인 관련 기업을 운영하려면 사업자 정보를 제공하고 수수료를 내야하며 충분한 자금이 있어야 한다.

영국의 암호화폐 시장은 중앙은행이 자체적으로 암호화폐를 도입할 것인가에 따른 논의가 꾸준히 진행되고 있다. 하지만 재무부에서 이를 받아들이지 않고 있어 현실화시키는 데에는 다소 시간이 걸릴 것으로 보인다. 영국의 경우는 시장보다 정책이 더 발달한 사례다.

영국은 비트코인을 세계 최초로 법정통화로 인정하였다. 법률상 '민간통화(Private Currency)'로 분류되기 때문에 비트코인은 규제 대상이다. 비트코인 뿐만 아니라 암호화폐 사용자, 채굴업체, 코인 발행업체, 거래소, 보관업체, 결제처리업체 등 모든 이해관계자가 규제대상에 포함된다.

독일의 암호화폐 시장은 비트코인 관련 IT기업들이 늘어나면서 활성화되고 있다. 잡지회사인 t3n은 직원들의 급여 중 일부분을 비트코인으로 지급하고 있다. 또한 비트코인 사용이 가능한 단기임차 서비스나 음식배달 서비스도 활발하게 이용되고 있다. 독일에서 비트코인을 상업적으로 활용하려면 연방은행법(Krediwesengesetz)에 따라 금융당국의 허가가 필요하다. 허가 없이 상업적 활동을 할 경우 독일 연방은행법 제54조에 의해 처벌된다. 독일의 비트코인 거래소 bitcoin.de는 독일연방금융감독기구에서 금융중개기관(Finance

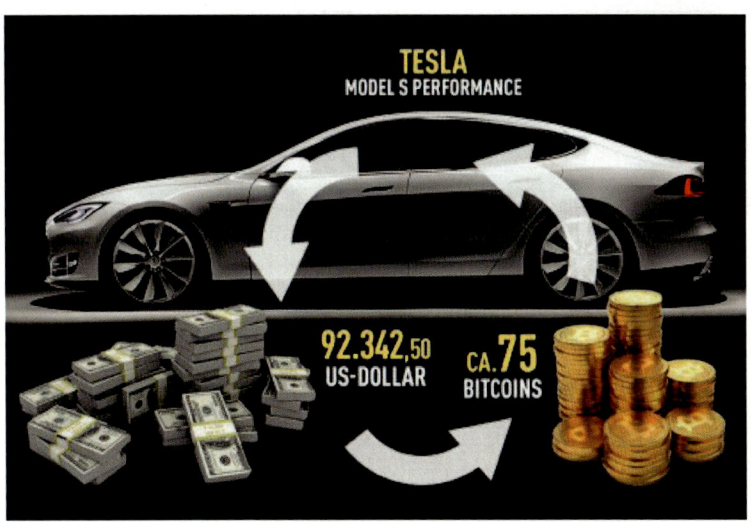

출처: http://www.viralblog.com/social-commerce/bitcoin-copycats-jousting-for-position/

Intermediary) 허가를 받았다. 따라서 고객들은 은행 계좌를 통해 실시간으로 bitcoin.de를 이용할 수 있다.

출처: https://www.bitcoin.de/de/r/amvtu8

일본의 경우 비트코인 시장이 매우 활성화 되어 있다. 2017년 7월부터 일본에서는 암호화폐 구입 시 부가세가 면제되었다. 전자상가나 대형마트에서도 암호화폐 결제가 가능하다. 일본 전역에 약 4,500개의 결제 점포가 있다. 자금결제법 개정이 시행되면서 암호화폐와 관련된 사업이나 스타트업에 대한 투자도 활발해졌다. 다만 암호화폐 거래소를 운영하려면 '암호화폐 교환사업자' 등록이 필요하다. 2017년 기준 암호화폐 사업자등록 대기업은 약 18개 정도다.

대부분의 해외 암호화폐 동향은 시장은 활성화되어가는 추세이며 정책적으로는 사용자 보호나 사업규제를 위한 규정이 늘어나고 있는 상황이다. 중국도 규제 정책과 더불어 자체적인 암호화폐 개발을 예정하고 있는 만큼 전 세계적으로 암호화폐는 더욱 발전해 나갈 것으로 보인다.

도이치방크는 2017년 11월 법정통화의 미래를 전망하는 입장을 내 놓았다. 현재 전 세계 금융시장은 암호화폐의 등장으로 엄청난 경쟁시장에 돌입하였으며 우리의 예상보다 더욱 빨리 법정화폐가 사라질 것이라고 도이치방크는 예상하였다.

법정화폐는 각 국가별로 너무나 많은 양의 화폐를 발행하고 유통해 인플레이션의 문제를 낳았다. 현재 전 세계 수많은 법정화폐들은 사실상 실물가치의 보증을 전혀 받고 있지 않고 있다. 예를 들어 짐바브웨는 2009년 극심한 경제난으로 인해 물가 조정에 실패하였고 화폐를 계속해서 찍어낸 결과 100조 달러라는 지폐까지 만들어내기도 하였다.

전 세계적으로 겪고 있는 인플레이션 문제는 아직도 해법을 찾지 못하고 있다. 각국 정부와 중앙은행들은 과도한 화폐의 발행과 레버리지 남용으로 이 문제를 더욱 심각하게 만들었다. 따라서 많은 금융 전문가들이 미래의 글로벌 금융시장에서 법정화폐의 종말을 예고하고 있다.

한편 반대의 입장을 가진 전문가들도 있다. 이는 글로벌 금융위기 이후 전 세계적으로 경기회복 및 금융안정을 위해 각 국가별 중앙은행의 역할이 더 중요해졌다는 주장이다. 따라서 우리나라도 양적완화가 필요하며 금리인하와 동시에 과감한 유동성 공급이 필요하다는 견해가 있다. 하지만 양적완화를 시행할 경우 지속적으로 확대된 유동성으로 인해 자본이 부동산 시장으로 유입되어 부작용을 키울 수 있다.

미국은 2017년 완전 고용 수준에 진입과 동시에 실물경기의 회복세로 인해 금리인상을 추진할 것으로 보인다. 반면 유럽은 브렉시트의 부정적 효과가 나타나고 있다. 일본은 국채의 물량 부족으로 인해 양적완화의 가능성이 제기되고 있다.

미국의 금리인상과 일본 및 유럽의 양적완화 지속 등으로 인해 글로벌 금융시장은 불확실성과 변동성이 커질 가능성이 있다. 주요 국가들의 내수 소비와 투자 부진도 금융시장의 위험성을 증가시키는 요인이다.

2017년 하반기 기준 전 세계 환율은 미국 대비 유럽의 금리 상승효과로 인해 유로화가 강세를 보이고 있다. 또 아시아 신흥국의 경기 개선과 글로벌 자금의 아시아 증시 유입에 따라 달러 대비 원화 강세 추세가 이어질 것으로 보인다.

주식의 경우 글로벌 증시가 지속적으로 상승하고 있고 아시아 신흥국의 경우 제조업 국가를 중심으로 증시 상승세가 전망된다. 중국, 대만, 한국, 인도 등이 수출이 호조되고 있기 때문이다. 반면 브라질과 러시아 등의 경우 원자재 가격의 상승이 가파르지 않아 증시의 상승률이 높지는 않은 것으로 분석되었다.

맺음말

주인공이 되고 싶은 IT기업들

근대사에서 세번의 혁명(Revolution)이 부의 중심을 바꾸어 왔다. 산업혁명은 제조, 가공, 유통, 서비스분야에서 부의 권력을 만들었고, IT혁명은 미국의 GAFA(구글, 아마존, 페이스북, 애플)와 중국의 BAT(바이두, 알리바바, 텐센트)를 중심으로 그들만의 부의 생태계를 구축해가고 있다. 이제 또 한 번의 혁명이 시작되었는데, 그것이 바로 블록체인기술 중심의 '암호화폐 혁명'이다.

암호화폐의 큰 바위얼굴격인 비트코인은 블록체인 기술 네트워크에서 10분간의 돈의 흔적을 마이닝한 승자에게 현재 12.5BTC+수수료를 보상으로 주어진다. 1일 1800BTC(12.5BTC × 6 × 24)의 보상을 AntPool, F2Pool, BitFury, Bitclub network 등 세계적 마이닝 업체들의 경쟁을 통해 2145년까지 총 2100BTC만개 탄생하게 된다. 그리고 코인마켓캡(coinmarketcap.com)에는 1200여개의 암호화폐들은 약 340조 시장 규모로 비트코인 중심으로 암호화폐 혁명을 준비하고 있다.

미래사회의 거래를 상상하면서

가상통화에 대한 인식도 2020년을 변곡점으로 지금의 알이페이,

구글페이, 삼성페이, 카카오페이 등과 같은 지불시스템(Payment)의 플렛폼에서 현금, 카드가 아닌 암호화폐가 거래될 것이다. 미래 경제에서는 실물화폐보다 암호화폐가 사물인터넷과 블록체인 기술기반의 미래 사회에서 모든 거래는 인공지능(AI)이 의사결정을 할 될 것이다.

미래 사회의 거래를 상상해보면

> 첫 번째, 구매한 상품에는 모두 일련변호가 붙어 있고
> 두 번째, 각각의 상품에는 무선통신 디바이스가 연결되어 있어서
> 세 번째, 당신이 상품을 구매하면 디바이스는 인증으로 웹사이트에 기록된다.
> 네 번째, 이 모든 거래의 기록을 블록체인으로 묶어 공개장부로 분산 관리하여
> 다섯 번째, 당신 주변의 다양한 디바이스가 대신하여 자동으로 거래할 수 있게 된다.

끝으로 각 거래는 당신의 월렛(지갑)에서 인간의 의사결정을 돕는 인공지능에 의해 지불행위가 이루어진다.

블록체인 기반의 암호화폐는 은행과 증권과 같은 금융업와 함께 제조, 물류, 서비스 그리고 국가기관의 공중업무를 아우르는 모든 거래유형들이 사람의 손을 거치지 않고 각각의 디바이스 역할에 따라

집행되며, 불이행이나 부정이 발생할 리스크가 제로(0)인 '스마트 콘트랙트'의 시대에 살게 될 날이 이미 오고 있다. 우리는 최소/최종의 의사결정을 통해 인간의 권위와 윤리를 지키며 늙지 않는 행복을 만들어 가며 살게 될 것이다.

현금 없는 비트코인 경제가 가까워졌다!

2017년 4월부터 편의점, 대형마트, 백화점 등 주요 소매점 2만 3,000여 곳에서 '동전 없는 사회' 시범사업이 시행됐다. 물건을 사고 남는 거스름돈을 교통카드 같은 선불식 카드에 적립할 수 있고, 금액이 쌓이면 은행의 ATM기에서 지폐로 찾을 수도 있다.

스웨덴에서는 아예 상점 입구에 '현금을 받지 않는다'고 써 붙인 상점도 늘고 있다. 하물며 70년대 '머니, 머니, 머니(Money, Money, Money)'란 곡의 주인공인 아바 그룹을 잊지 않기 위한 건축한 아바 박물관(ABBA The Museum)에서도 지폐와 동전은 받지 않는다. 유럽중앙은행(ECB)이 2018년부터 500유로화 발행을 전면 중단하기로 결정한 가운데 그리스, 포루트칼, 스페인, 이탈리아, 프랑스, 벨기에 등은 1000유로 이상의 거액 거래에서 현금 사용을 이미 금지했다. '현금 없는 사회(cashless society)'가 지고 비트코인 경제사회가 시작된 것이다.

가상화폐에 투자하라!

이 책의 본질은 한마디로 '비트코인에 투자하라'였다. 2015년 5월 비트코인에 입문할 때 비트코인은 약 $240였다. 그런데 이 책의 원제인 〈부의 기회, 비트코인〉을 마무리하는 4월 마지막쯤엔 약 $1300였고, 수정원고를 마무리하는 12월 2일 오늘은 $11,000를 유지하고 있다. 투자자 입장에서 2년 6개월 만에 약 45배의 수직 팽창을 했으니 대단한 투자상품이 아닐 수 없다.

모든 경제 관련 수치가 최악의 기록을 세우고 있다는 요즘, 4차 산업혁명으로 일자리가 수백 개가 사라진다는 이때에 수많은 자격증과 스펙을 쌓아도 취업하기 어렵다 한다. 나는 새로운 화폐의 전환기가 시작되는 현시점에 또 다른 경제대안을 제시해주고 있다. 암호화폐 개념도 없이 비트코인 10여개로 시작하며 배운 현장 지식과 경험을 소개하고 싶어 용기와 자신감으로 두 번째 비트코인 책을 마무리하고 있다.

이더리움ETH, 비트코인캐쉬BCH, 리플XRP, 데쉬DASH, 라이트LTC, 모네로XMR, 제로케시ZEC 등등 암호화폐의 종류가 많아졌다. 앞으로 선한부자가 되기 위해 암호화폐의 다양함에 익숙해져야 할 때가 된 것이다. 투기와 도박이 아닌 투자라는 선한 목적을 위해서!

비트코인은 빈곤에서 벗어나는 힘을 갖고 있다. 비트코인 경제학에 눈을 뜨고 멀리 보시길 바란다.

저자 이용갑

참고문헌

1. 뉴스위크한국판, 비트코인이 힘을 키워 돌아왔다, 2015.11.18.
2. 김태오, 가상화폐의 이용현황과 시사점 Bitcoin과 Linden Dollar를 중심으로 금융결제원, 2013.07
3. 경향비즈, 베일에 가린 비트코인 창시자 '일본인 아닌 호주인' 가능성, 2015.12.09.
4. 전진우, [그래픽]비트코인 가격 추이, 뉴시스, 2017.01.06.
5. 변재현, 비트코인 가격 719.85弗, 2년4개월 만에 최고 수준, 서울경제, 2016.06.14.
6. 전주용, 비트코인의 이해와 시사점, 정보통신정책연구원, 2013.10.31.
7. 신상화, 비트코인의 발전 현황과 정책적 시사점, 한국조세재정연구원, 2015.05
8. 아시아경제, '동전 없는 사회'를 맞는 유통·금융업계의 자세, 2017.02.10.
9. 이창균, ATM으로 비트코인 계좌에서 돈 뽑을 수 있을까, 중앙일보, 2016.01.19.
10. 권봉석, 파산한 마운트곡스 1년 만에 비트코인 채권 반환신청 개시, 씨넷코리아, 2015.04.23.
11. 정승호, 비트코인 화폐의 상상력을 위하여, 서울대학신문, 2014.03.15.
12. 신은실, 비트코인 2030년 세계 준비통화 6위권 진입 가능, 연합인포맥스, 2015.11.04.
13. 이준형·이성훈·이도은·김우철·김민수, 비트코인을 활용한 효율적 전자화폐 활성화 방안, 융합보안 논문지 제16권 제4호, 2016.06
14. 한국은행 지급결제조사자료, 비트코인의 현황 및 시사점, 2013.02
15. 이동규, 비트코인의 현황 및 시사점, 한국은행, 2013
16. 지인엽·전광명, 가상화폐와 인플레이션 헤지: 비트코인 사례, 정보통신정책연구, 제23권 제3호, 2016.09
17. 김자봉, 비트코인 거래 메커니즘의 분석과 시사점, 한국금융연구원, 2014.09.19.
18. SBS NEWS, 유례없는 초점금리 시대…그래도 은행은 번다, 2016.11.07.

19. 삼정KPMG 경제연구원, Samjoung INSIGHT, Issue 45, 2016
20. 선명수, 은행 점포는 왜 사라질까…'은행 없는 은행' 시대 빨라진다, 경향비즈, 2017.01.15.
21. 정지성, 신한은행 올 12월 은행권 최초 비트코인 해외송금, 매일경제, 2016.11.04.
22. 김선호, 가상화폐 빅코인 경찰 수사, 한국마케팅신문, 2016.11.18.
23. 박영숙, 메이커의 시대 유엔미래보고서 미래 일자리, 한국경제신문, 2015.07.06.
24. 현대경제연구원, 국내 가상화폐의 유형별 현황 및 향후 전망, 2014.03.27.
25. KB금융지주 경영연구소, KB 지식 비타민 : 비트코인(Bitcoin)의 이해와 전망, 2013.11.21.
26. 박유진·손현진, 비트코인을 중심으로 살펴본 암호화폐의 현황과 전망, kt경제경영연구소, 2013.09.27.
27. Claire L., 거래소 지갑 VS 블록체인 지갑 : 어떤 비트코인 지갑을 사용해야 할까?, Bitstand, 2015.09.27.
28. 노상규, 비트코인 주소 거래 그리고 지갑, Organic Media Lab, 2014.02.20.
29. 나건웅, 비트코인 35개 등록 매장중 단 2곳만 결제, 매일경제, 2016.10.10.
30. 디지털뉴스국, 갤럭시아컴즈 '머니트리' 리뉴얼 오픈 기념 이벤트 진행, 매일경제, 2017.02.14.
31. 김대섭, KB국민카드 '포인트리-비트코인 전환' 서비스, 아시아경제, 2015.09.01.
32. 鳥羽賢, 日本におけるビットコインの利用可能店舗が急増, iFOREX, 2017.01.09.
33. 한상희, 日서 '비트코인'으로 전기요금 낸다, 에너지경제, 2016.09.26.
34. 우예진, 비트 코인 사용하기 편한 도시 1위 샌프란시스코, 중앙일보, 2016.04.05.
35. 안하늘, 수도요금·교통비 비트코인으로 결제한다, 아시아경제, 2016.05.09.
36. 이승현, 호주 거래소 비트코인 직불카드 선보여, 비트허브, 2015.02.26.
37. 네이버 지식백과
38. 최호섭, 비트코인 채굴 해답은 '병렬컴퓨팅', 블로터앤미디어, 2013.12.03.

39. 김익현, "현대판 청바지"…비트코인 채굴기로 하루 85억 '대박', 아이뉴스24, 2013.12.03.
40. 조흥훈, 비트코인 채굴 수익성과 교환가격과의 상관관계, 비트허브, 2016.06.30.
41. 정필모, 달러의 역설: 슈퍼 달러를 유지하는 세계 최대 적자국의 비밀, 21세기북스, 2015.03.23.
42. 나무위키
43. 조흥훈, 日 비트코인 소비세 폐지 계기로 '현금'으로 평가.. 이용자 증가에 탄력 받을 듯, 비트허브, 2016.10.12.
44. 최진홍, 비트코인에서 튄 의외의 불꽃 블록체인, 이코노믹리뷰, 2017.02.09.
45. 김진완, 블록체인의 발전 전망과 금융기관의 대응 현황, BNK금융경영연구소, 2016.10
46. 박성준, 블록체인패러다임과 정보보호, 동국대학교 국제정보보호대학원 블록체인연구센터, 2016.10.18.
47. 이광용·김광석, 블록체인이 가져올 경영 패러다임의 변화 금융을 넘어 전 산업으로, 삼정KPMG 경제연구원, ISSUE MONITOR, 제60호, 2016.09
48. 이창균, 비트코인 매입 → ATM 원화 송금…계좌 없이 초고속 거래, 중앙일보, 2016.01.20.
49. 코빗 홈페이지
50. 한국방송통신전파진흥원, 디지털 화폐 비트코인 기술과 시장 동향, 2014.02.04.
51. 전자신문, 전세계는 '비트코인 러시', 2013.12.09.
52. 이동산, 비트코인과 블록체인, 2016.05
53. 피델리티 자산운용, 21세기 투자테마 블록체인의 밝은 전망, 2016.07
54. 이석원, 비트코인 "블록 용량이 문제야…", 테크홀릭, 2016.05.30.
55. 김윤구, 홍콩거래소 해킹으로 비트코인 725억원 털려…가격 15% 추락, 연합뉴스, 2016.08.03.
56. 정보통신기술진흥센터, 주간기술동향, 1776호, 2016.12.14.
57. 배기홍, 비트코인 블록사이즈 논란, 더 스타트업 바이블, 2016.04.03.

58. 케이벤치, 중국 가상화폐 '비트코인' 투기 열풍…나흘간 가격 16% '급등', 2016.06.03.
59. 배승욱, 비트코인(Bitcoin)의 화폐성을 인정한 미국 판결의 의미와 시사점, 자본시장연구원, 자본시장포커스, 2017.01.10.
60. 김준형, 디지털 가상화폐 비트코인 법정화폐 대체재 급부상, 울산매일, 2017.01.01.
61. 이경미·고은희·주소현, 한국·미국·독일의 비트코인 활용 현황과 공유가치창출에의 함의 탐색, Financial Planning Review, 제9권 3호, 2016.08
62. 김규환, '비트코인과 전쟁'을 선포한 중국, 서울신문, 2017.02.14.
63. 김영삼·조상래·김수형, 블록체인 기술 개념 및 적용 현황, 정보통신기술진흥센터, 2016.05.11.
64. 김예구, 블록체인 기술과 금융의 변화, KB금융지주 경영연구소, 2015.11.25.
65. 채원영, 최근 부각된 비트코인의 문제점과 시사점, 보험연구원, 2014.02.17.
66. 권용욱, 가시화되는 비트코인 제도화…기존 취약점 극복할까, 연합인포맥스, 2016.12.08.
67. 황성호, 가상화폐 어떤 게 있나, 동아닷컴, 2016.04.23.
68. Alex Wawro, 역사상 가장 성공적인 가상화폐 비트코인에 대한 이해, 디지에코, 2014
69. 한민옥, '도토리'의 몰락과 '비트코인'의 화폐 혁명, 디지털타임스, 2014.01.12.
70. 김임권, 블록체인: 인터넷 그 다음의 혁명, 현대able Daily, 2016.08.02.
71. 피넥터보고서, 블록체인 기술의 발전과정과 이해, 2016
72. 김진화·정명호·김재모·유영석, 블록체인의 기술적 이해 및 도입을 위한 첫걸음, (주)코빗, 2016.03.24.
73. 김진화, 모든 거래 기록된 장부 블록체인 진정한 P2P 시대 여는 인터넷의 미래, 동아비즈니스리뷰, 2015
74. 김광석·권보람·최연경, 4차 산업혁명과 초연결사회 변화할 미래 산업, 삼정KPMG 경제연구원, 2017.01

75. 김홍기, 비트코인 거래의 법적 쟁점과 운용방안, 연세대학교 로스쿨, 2015
76. 코빗, 블록체인의 기술적 이해 및 도입을 위한 첫걸음, 2016.03.24.
77. 김동섭, 분산원장 기술과 디지털통화의 현황 및 시사점, 한국은행 금융결제국, 2016.1
78. 유병철, 기존 화폐제도를 위협하는 디지털 가상화폐 '비트코인', 머니위크, vol. 129, 2013.10
79. 장우정, KB국민카드 포인트 비트코인으로 바꿔 현금처럼 쓴다. 조선비즈, 2017.02.23.
80. 황형규, 日 비트코인으로 전기료 내고 결제가능 상점 2500곳, 매일경제, 2016.11.04.
81. 방수호, 중국 앞으로 비트코인 환전 시 거래수수료 0.2% 부과, 보드나라, 2017.02.13.
82. 홍도현·김병일, 가상통화에 대한 과세문제, 조세연구, 15(1), 2015.04
83. 주간금융브리프, 비트코인을 활용한 해외송금 체계 구축 : 일본 미쓰비시도쿄 UFJ은행, 25권 29호, 2016.07.23.
84. 신정빈, 글로벌 송금 분야의 니치마켓을 선도하는 핀테크 기업들, 신한은행, 2015.10
85. 조권형, 더 간편하고 더 저렴하게…판 커지는 해외송금, 서울경제, 2017.01.15.
86. 김영원, 국내 첫 비트코인 해킹 사례 발생, 코리아헤럴드, 2014.12.08
87. 김남규, 비트코인 부정적 시각 커져…보안책 마련 시급, iT 조선, 2016.12.25.
88. 박세인, DGB대구은행 한국IBM과 '비트코인' 해킹 막는 블록체인 기술 업무협약, 파이낸셜뉴스, 2016.11.07.
89. 금융감독원, 최근 유사수신 혐의업체의 특징과 소비자 유의사항, 2016.08.09.
90. 권지언, '돌아온 비트코인' 올해 30% 껑충, 뉴스핌, 2015.12.29.
91. 서정호·이대기·최공필, 금융업의 블록체인 활용과 정책과제, KIF 금융리포트, 2017.01
92. 이창선, 비트코인의 확산 현황과 미래, 한국상장회사협의회, 2014.01

93. 한국금융연구원, 기업가치평가실무

94. 양희성·권영미, 인터넷 화폐 - 비트코인 동향, 한국멀티미디어학회지 제19 제1호, 2015.03

95. 임채연, [글로벌 J카페] 트럼프 랠리에 가상화폐도 뛴다, 3년래 최고치 찍은 비트코인, 중앙일보, 2017.02.24.

96. 지인엽·전광명, 가상화폐와 인플레이션 헤지: 비트코인 사례, 정보통신정책연구 제23권 제3호, 2016.09

97. 서영덕·한재현·하수진·엄현상, 비트코인 블록체인을 활용한 보안성이 강화된 분산 스토리지 시스템 구현, 한국컴퓨터종합학술대회, 2016

98. 김태성·김우진·이도윤·김일곤, 블록체인 네트워크 기반에서 FHIR를 활용한 감염병 환자 진료 정보 공유 시스템, 한국컴퓨터종합학술대회, 2016

100. 21세기 투자테마 블록체인의 밝은 전망, 피델리티 인터내셔널, 2016.07

101. Yezune choi, 블록체인의 현재 그리고 미래: 디지털 노마드와 경제 사회적 신뢰 시스템, Blockchain OS, 2016.06.30.

102. 빗썸 카페

103. 네이버블로그(http://kimjungsoo.com/220477862957)

104. 빗썸 홈페이지

105. 뉴에그 홈페이지

106. 네이버블로그(http://cafe.naver.com/turtletrade/151173)

107. 최창규·박녹선, 파생충동 비트코인(Bitcoin)이 지배하는 세상에서 살아남는 방법, NH투자증권, 2017.01.31.

108. 황유선, SEC의 비트코인 ETF 승인 가능성 점검, 국제금융센터, 2017.03.02.

109. 이현정, 가상화폐의 금융법 규제에 관한 비교법적 검토 비트코인을 중심으로, 과학기술법연구, 제21집 제3호, 2015.10.27.

110. Mitsui Sumitomo Insurance to cover bitcoin exchanges, Asia Insurance Review, 28 Nov 2016

111. https://news.blackmooncrypto.com/the-crypto-ecosystem-v2-aea76bde5457

112. 백명훈, & 이규옥. (2017). 블록체인을 활용한 ICO 의 이해와 금융법상 쟁점. 금융법연구, 14(2), 73-118.
113. 이광상. (2017). 비트코인 기반기술 분할과 향후 디지털통화 생태계. 주간금융브리프, 26(17), 21-22.
114. 이광상. (2017). 중국의 비트코인 거래 확대 및 규제 강화. 주간금융브리프, 26(4), 22-23.
115. 허세영, 조상래, & 김수형. (2017). 비트코인 후 블록체인.
116. 이광상. (2017). 일본의 비트코인 결제수단 활성화. 주간금융브리프, 26(10), 20-21.
117. 강성모 , 2014 , 마일리지 관련 거래와 부가가치세 , 조세법연구 20 (3) : 201 ~ 247
118. 김동근 , 2004 , 전자등록제도의 유가증권성에 관한 연구 , 기업법연구 (17) : 201 ~ 218
119. 김진화 , 2013 , 넥스트 머니 비트코인 , 부키
120. 김태오 , 2013 , 가상화폐의 이용현황과 시사점 : Bitcoin과 Linden Dollar를 중심으로 , 지급결제와 정보기술 (53)
121. 김현동 , 2011 , 법인세법상 무형자산에 관한 규정의 문제점과 개선방안에 관한 연구 , 조세법연구 17 (2) : 7 ~ 50

기타 자료

1. BitShares Korea

    http://www.bitshares.kr/2014/12/get-private-key-at-blockchaininfo.html

2. [단독]금융권 뒤흔들 '블록 생태계'···LG, CNS가 '첫 삽' 뜬다

    http://news.mt.co.kr/mtview.php?no=2015111812571061287

3. 팀 쿡, '현금의 종말' 예고···"다음 세대 아이들은 돈 모르게 될 것"

    http://news.mt.co.kr/mtview.php?no=2015111812571061287

4. 코인데스크

    www.coindesk.com

5. 가상화폐 거래소···보안 강화 나섰다

    http://www.kinews.net/news/articleView.html?idxno=110584

6. 급락했던 비트코인 다시 날개

    http://news.joins.com/article/22127552

7. 짐바브웨, '쿠데타' 혼란 속 비트코인 급등···1만3000달러 돌파

    http://biz.chosun.com/site/data/html_dir/2017/11/17/2017111702524.html

8. '거침없는 질주' 비트코인 가격 8천 달러 첫 돌파

    http://www.yonhapnews.co.kr/bulletin/2017/11/20/0200000000AKR20171120040300009.HTML

9. 비트코인, 시각이 달라지고 있다

    http://biz.chosun.com/site/data/html_dir/2017/11/02/2017110200546.html

10. 화폐의 미래

    https://www.ted.com/talks/neha_narula_the_future_of_money/transcript?br&language=ko

11. 빌 게이츠 "비트코인, 화폐보다 낫다"

    http://www.bloter.net/archives/208693

12. Vladimir Putin Is Getting Interested in Bitcoin's Biggest Rival

https://www.bloomberg.com/news/articles/2017-06-06/putin-eyes-bitcoin-rival-to-spur-economic-growth-beyond-oil-gas

13. 블록체인이 돈과 경제를 어떻게 변화시키고 있는가

https://www.ted.com/talks/don_tapscott_how_the_blockchain_is_changing_money_and_business?language=ko

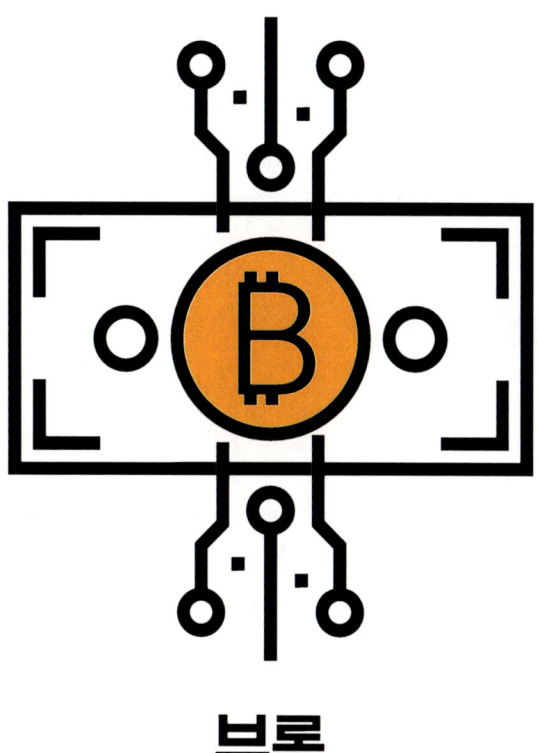

부록

1. 매거진 <경제인> 인터뷰 이용갑 박사 인터뷰 수록

지난 2017년 9월 5일, 이용갑 박사와의 인터뷰를 위해 아침 일찍 천안으로 차를 몰았다. 본격적인 가을의 중심에 들어와 있어서인지 이른 아침 피부에 와 닿는 가을바람이 제법 차갑게 느껴졌다. 차창으로 내리쬐는 따사로운 햇살과 새로운 만남에 대한 기대감에 기자의 마음은 따뜻함으로 물들어 갔다.

오후 1시, 약속시간에 정확하게 맞춰 도착한 커피숍엔 짙은 암갈색의 안경에 단정한 수트 차림의 중년신사가 기자를 기다리고 있었고, 그렇게 이용갑 박사와의 첫 만남이 시작됐다.

그의 첫인상은 사업가라기보다는 학자에 가까웠다. 특히, 사람 좋은 인상에 학자 특유의 지적인 이미지가 강렬했는데, 한마디로 천상 학자, 그 자체였다.

Q. 요즘근황은 어떠십니까?

A. '부의기회 비트코인' 출간 후 다음 저서를 준비 중인데, 빠르면 올 연말 쯤 선보일 예정이고 원고 작업에 필요한 비트코인 체험 사례를 얻기 위해 며칠 전 일본도 다녀왔습니다.

Q. 일본은 무슨일로 다녀오셨습니까?

A. 가상화폐의 법제화가 먼저 이뤄진 일본시장을 관찰하기 위해 국내 70여명 〈비트코인 체험 여행〉일행과 함께 다녀왔습니다. 그런데 일본조차도 가상화폐 사용에 있어서 미숙함과 서너 건의 거래 실적으로 인해 서투른 결제 서비스에 당황했지만, 함께한 70여명의 비트코인 체험단 일행들의 도움으로 그들에게 한수 가르쳐주고 왔습니다. 제도는 일본이 앞섰지만 활용수준은 저의와 그리 별 차이은 없어 보였습니다.

Q. 우리나라 가상화폐 결제 방식이 일본보다 우수하다는 게 사실입니까?

A. 그렇습니다. 그러나 문제는 일본은 이미 국가차원의 제도적 시스템 안에 들어와 있지만, 우리나라는 그렇지 못하다는 것입니다. 앞으로 우리나라도 법제화가 이뤄지면 삼성페이, 카카오페이 등 페이먼트시스템이 큰 역할을 하리라 생각합니다.

외국 비트코인 전문가들이 향후 비자, 마스터카드 등을 대체 할 것이란 예상을 내놓은 것도 이번 일본시장을 들여다보고 와서 확실히 느꼈습니다.

Q. 가상화폐에 대한 국내시장 상황을 어떻게 보고 계십니까?

A. 국내시장 상황은 미국, 중국, 일본 등 주변국들의 추이를 지켜보며 관망하고 있는 단계라고 봅니다. 2014년부터 한국은행, 금융위원회 등에서 인식은 하고 준비는 하되 표면적으로 드라내고 있지 않

는 것뿐이라 해석됩니다. 빗썸, 코빗, 코인원 그리고 10,9월 오픈예정인 UPbit등 거래소를 중심으로 100여종의 알트코인들이 활발하게 거래되고 있는 점이 고무적입니다.

Q. 최근 가상화폐에 대한 부정적인 기사들이 종종 언론에 나오고 있는데, 어떤 생각을 갖고 계신지 궁금합니다.

A. 솔직히 안타까운 측면이 적지 않습니다. 우리나라에서 발행한 5만원 권 회수율이 50%에도 미치지 못하고 있고, 기준통화라 할 수 있는 달러 또한 그에 못지않습니다. 그에 반해 가상화폐는 블록체인 기술 기반으로 더 깨끗한 거래댓가의 돈임에도 불구하고 이해부족과 제도권 밖에 있다는 이유로 부정적인 측면을 부각시키고 있습니다. 이처럼 경제적 상식을 배제하고 인문학적인 측면에서만 접근해 스토리를 양산하려는 지식인의 태도는 수정되어야 한다고 생각합니다.

Q. 최근 중국에서 신규 암호화폐 공개(ICO) 금지 조치가 이뤄졌습니다. 이에 대한 견해는?

A. 중국의 ICO금지 조치는 표면적으로 충격적이고 투자에 대한 불확실성과 의심으로 투자자들을 패닉상태로 몰고 갔는데, 마냥 비관할 일은 아니라고 생각합니다. ICO의 규제사항은 필요사항이었고, 장기적 측면에서 제도권 안에 자리잡기 위한 사전 포석쯤으로 판단됩니다. 전 반드시 중국도 제도권에서 가상화폐 활성화를 환영하라 것이라 확신합니다.

Q. 가상화폐에 투자하려는 사람들이 늘고 있습니다. 가상화폐 투자

에있어서 염두에 둬야 할 요소로는 어떤 게 있겠습니까?

A. 비트코인, 이더리움, 비트코인 캐시 등을 토대로 적정액의 기준을 통해 소액투자를 하면서 가상화폐 시장의 흐름과 트랜드를 공부하라고 말해주고 싶습니다. 투자와 투기는 엄연히 다릅니다. 잘 알지 못하는 아류코인에 눈멀어 주변상황 파악도 없이 시세표만 보고 매도 매수에만 집중하는 '묻지마'식 투자는 투자가 아니라 투기에 가깝습니다.

저는 비트코인으로 나름 성공의 반열에 올라선 지금도 하루에 경제신문 5개와 국내외 가상화폐 전문 사이트 100개를 넘나들며 잠시도 시대 흐름을 읽는데 게을리 하지 않고 있습니다.

Q. 비트코인을 비롯한 코인시장의 가격이 폭등하고 있는데, 향후를 어떻게 예상하고 계십니까?

A. 4차 산업 혁명의 핵심 키워드인 블록체인, 사물인터넷, 빅데이터, 인공지능(AI), 플랫폼 등의 개념과 연관성조차 이해 못하고 얄팍한 귀동양이 전부인 일반 투자자들을 농락하고 있는 지금은 버블이 맞습니다. 하지만, 가상화폐의 승패는 끈기 있는 장투 정신이 자리 잡을 때 가상화폐 시장은 우상향이 될 꺼라 믿고 있습니다.

Q. 비트코인, 이더리움 채굴 열풍이 불면서 한때 그래픽카드(GPU)가 동나는 일까지 벌어졌습니다. 채굴업자들의 미래가 어떨 거라고 예상하십니까?

A. 암호화폐를 채굴하는 방식이 어려운 수학문제를 풀어야 하는

작업증명(Proof of Work 이하 PoW)방식에서 코인을 많이 오래 보유하는 지분증명(Proof of Stake 이하 PoS)방식으로 바뀌는 추세입니다. 블록체인 생태계의 미래는 반드시 전문채굴 업체가 필요합니다. 가상화폐 대부분이 지분증명방식(PoS)로 바꾼다 하더라도 그 외 가치 있는 데이터 즉 데이터 마이닝 채굴업체의 역할이 강력하게 요구될 것입니다.

채굴업체가 존재해야 빅데이터가 완성되고 더 나아가 인공지능(AI)발전에 크게 기여 할 것으로 봅니다.

Q. 가상화폐가 금이나 은처럼 기존 법정화폐와 견주어 헤지 효과가 크다고 생각하십니까? 또한, 나아가 기존 법정화폐의 대안이 될 수 있다고 생각하십니까?

A. 모든 창의력은 보이지 않는 것에 도전하는 것입니다. 그런 의미에서 가상화폐시장은 엄청난 상상력의 산물이기 때문에 그에 걸맞은 상상력이 풍부한 사람들에 의해 움직일 것이고 그런 사람들이 도전할 것입니다.

금, 은, 달러도 안전자산(=헤지)효과는 분명히 있습니다. 최근 20년 이래 꾸준히 수익률을 유지했지만 최근 몇 년은 그렇지 못했습니다. 금값, 은값, 달러 값이 큰손들에 의해 조작 가능한 영역이 되었고, 이제 모든 거래를 가상화폐로 처리되는 시대 앞전에 와 있습니다. 지하경제 문제를 해소하고 현금 없는 사회로 돌입하는 건 거부할 수 없는 현실입니다.

국가가 법화를 만들고 IT기업이 다양한 가상화폐를 만들어 제도권 안에서 가치교환 수단이 될 것입니다. 기존 통화의 근간을 흔드는 대안이 되어서는 안 된다고 생각합니다.

Q. 믿을만한 코인인지 판단하기 위해서는 어떤 잣대를 들이대야 하겠습니까?

A. 비트코인 마케팅을 예를 든다면, 1)확실한 재원이 있는가? 2) 그 재원은 회원들에서 나오는 것은 아닌가? 3)너무 지나친 수익을 보장하지 않는가? 4) 검증된 국내외 상위 5위 안에 거래실적을 확인 할 수 있는가? 5) 수당으로 지급되는 모든 수익은 바로 현금화가 가능한가? 6) 지금 수익으로 얻은 비트코인은 거래소로 24시간 언제든지 이전 가능한가? 등을 확인해 볼 필요가 있습니다.

비트코인 시장은 크게 채굴(=마이닝), 트레이딩 시장으로 나눠져 있고, 나머지는 핀테크 영역입니다. 한계점이 있는 트레이딩 시장보단 채굴시스템에 투자하는 것을 추천합니다.

Q. 늘 가슴속에 새기고 있는 문구가 있다면 말씀해 주십시오.

A. "유능한 선장은 파도를 보지 않고, 바람을 읽는다"는 문구입니다. 어떤 눈에 보이는 현상에 일희일비(一喜一悲)하지 않고 전체의 흐름을 읽을 줄 알아야 한다는 뜻입니다.

이와 함께, 영화 '관상'의 마지막 부분에 나오는 대사를 자주 되새기곤 합니다. "그 사람의 관상만 보았지 시대를 보지 못했네. 파도만 보고 바람은 보지 못했네. 파도를 만드는건 바람이건만..", :당신들은 파도를 높이 탄 것이고, 우리는 파도의 아래에 있었던 것, 하지만, 언젠가 파도가 뒤바뀔 것이네"

Q. 가장 존경하는 인물이자 롤모델은 누구입니까?

A. 저의 반쪽인 아내입니다. 존경은 동등한 눈높이의 존중에서 비롯됩니다. 이는 자녀관계에 있어서도 마찬가지라고 봅니다. 그런 의미에서 저는 아내를 무한히 존경하고 존중하며 사랑합니다.

Q. 마지막으로 남기고 싶은 메시지가 있다면 한말씀 부탁드립니다.

A. 비트코인은 분명히 기회입니다. 하지만, 공부하지 않고 무차별적인 투자는 권하고 싶지 않습니다. 비트코인은 정보와의 싸움이고 변동성이 큽니다. 향후 3년이 기회입니다. 타자에 대한 결정은 오롯이 개인의 몫입니다.

더불어 평균을 높이라고 전하고 싶습니다. 이를 위해서는 나보다 나은 진솔한 사람을 만나는 것이 중요합니다. 연봉1억짜리 사람을 만나면 그만큼 벌 것이고, 연봉 20억짜리 사람을 만나면 그에 가까운 연봉을 받을 기회를 얻을 것이기 때문입니다. 워렌 버핏 과의 점심 한 끼도 이와 같은 맥락에서 기인한 것입니다. 즉 내가 늘 만난 사람들의 연봉이 곧 나의 연봉이다!

일부발췌【 장영록 기자, 2017년 10월호 경제人 】

2. 국내 최고 비트코인 고수 인터뷰 Q&A

국내 최고의 비트코인 투자자로 알려진 P씨와 인터뷰 한 내용을 수록했다.

Q. 비트코인 투자에 언제 뛰어들게 되었나?

2009년도 비트코인이 처음 생겼을 때는 나도 몰랐다. 그러다가 2012년에 뉴스를 보고 처음 접하게 되었다. 비트코인을 이런저런 경로로 배우게 되었다. 그 당시에는 자료가 충분하지 않았기 때문에 외국 사이트를 통해서 배우고 사용법을 익히다가 호기심 반, 기대 반에 갖고 있던 조금의 여유자금을 투자하게 되었다.

그러다가 2015년 본격적으로 뛰어들게 되었는데, 처음에는 비트코인에 대하여 구체적으로 공부할 방법이 없어서 인터넷 서치에 의존할 수밖에 없었다.

Q. 지금도 꾸준히 비트코인을 사고 있나?

그렇다. 2015년부터 본격적으로 비트코인의 가치를 확인하고 비트코인에 투자하기 시작했는데 지금까지도 꾸준히 매입하고 있다. 비트코인은 특별하다고 생각한다. 달러, 부동산외 기타 자산투자방식과는 다르기 때문에 나는 이를 일종의 기회라고 생각했다.

Q. 왜 기회라고 생각했는지에 대한 내용이 궁금하다.

나는 개미이기 때문에 부동산이나 외환, 그리고 주식 같은 투자수단들에 대해서 한 번도 수익을 내 본적이 없다. 주식은 작전이 판을 치고 고급정보가 없으면 수익이 불가능하다. 펀드도 마찬가지다. 부동산은 부채를 레버리지로 활용하라는 내용이 많으나, 사실 부채를 끼고 부동산에 투자하는 것은 상당히 위험하다. 월급처럼 일정수입이 없는 상태에서는 더욱 그렇다. 비트코인을 처음 투자할 당시 나는 투자개념으로 보지 않았다. 일종의 호기심정도로 시작했으니까 말이다. 하지만 차원이 달랐다. 수익률이 38%이상 나오기 시작하면서 비트코인에 본격적으로 뛰어들게 되었다. 물론 가진 자산은 많지 않지만 부동산, 주식에 비하면 소액이기 때문이다. 이것이 나에게는 큰 기회가 된 것 같다.

나와 같은 사람들이 중국에도 있다고 들었다. 새로운 기회를 잡은 것이다. 비트코인은 인터넷과 같은 기회가 있다고 생각한다. 마치 인터넷처럼 보편화되는 것 말이다. 나는 그런 확신을 가지고 있다.

Q. 비트코인이 인터넷과 같다는 말은 어떤 의미인가?

비트코인은 단순히 암호화된 가상화폐라고 보지만 엄밀히 말하면 인터넷처럼 비트코인은 분산화 된 P2P네트워크이다. 분산, 통제 불가, 탈중앙화, 오픈소스, 투명화가 전제된 것이 바로 비트코인이다. 인터넷은 화폐처럼 중앙집권적인 통제가 불가능하다. 비트코인은 절대적인 중간관리자가 없다. P2P로 직접거래가 가능할 뿐이다. 이것이 기존 화폐와 다른 이유이다.

Q. 좀 더 직설적으로 금, 은, 달러에 비해서 헤지 효과가 큰가?

금, 은, 달러도 헤지 효과는 분명히 있다. 자세한 수치는 모르지만 최근 20년 이래 수익률은 상당했다. 하지만 최근 5~6년간 수익률은 그리 좋지 않았다. 나는 이점에 주목했는데, 특히 양적완화를 통해서 금값, 은값, 달러 값이 예측 불가능한 영역으로 들어갔고, 여기다가 금, 은값은 큰손들에 의해서 조작이 가능한 영역이 되었다. 하지만 이제 모든 거래를 전자화폐로 처리하는 시대에 돌입하면서 비트코인은 가장 가치 있는 대안이 되고 있다. 투자수단으로서나 헤지 효과를 봤을 때 금, 은보다 크다고 확신한다.

앞으로 투명한 사회, 지하경제 문제를 해소하기 위해서 현금 없는 사회로 돌입하는 건, 거부할 수 없는 현실이라 생각한다. 따라서 세계적으로 전자화폐는 각광받을 것이며, 그중에 가장 큰 비중을 차지하는 것은 단연코 비트코인이라고 생각한다.

Q. 비트코인을 채굴할 수 있다는데, 채굴만하면 다 돈 버는 것 아닌가?

이론상으로는 그렇다. 하지만 슈퍼컴퓨터를 모두 연결해도 현재의 비트코인을 모두 채굴하기는 불가능할 정도로 높은 수준의 난이도가 요구된다. 비트코인 전체를 해킹하는 것은 15조원의 가치를 가져가는 것과 같다. 그러나 지금까지 해킹은 단 한 번도 당한 적이 없다.

Q. 비트코인 해킹에 대한 기사를 본적이 있는데, 그것은 무엇인가?

그렇다. 홍콩의 비트코인 거래소였는데, 거래소에서의 보완이 취약했던 문제였을 뿐이지 비트코인 자체가 해킹을 당한 것은 아니었다.

Q. 비트코인에 대하여 잘 모른다면 대안으로 어떤 투자방법이 있을까?

채굴시스템에 투자하는 것을 추천한다. 사실 잘 모르면 뛰어들지 말아야한다. 하지만 비트코인은 채굴을 하게 되면 거기에 따른 채굴 기계가 필요하다. 바로 이것에 투자를 하는 것이다. 나도 일정부분 투자해서 수익을 보고 있다. 나는 직접 비트코인을 사는데 주력했지만, 이제는 비트코인 가격이 초창기에 비해 엄청나게 올랐기 때문에 현재는 채굴회사에 투자하는 것이 가장 적절한 수단이라고 생각한다.

Q. 비트코인을 얼마나 갖고 있는가?

공개하기 곤란하다(웃음). 초창기부터 구입을 했는데 스스로 얼마를 가졌다고 인증샷을 올리기 전까지는 아무도 모를 것이다. 비트코인은 투명성을 자랑하지만 익명성이 핵심이다. 정부나 금융기관에서 전혀 통제할 수 없는 부분이다. 특히 민감한 세금부분도 그러하다.

비트코인 보유량을 따지자면 우리나라에서 순위권 안에 들어간다고 확신한다. 만일 어디선가 숨겨졌던 고수들이 나타난다면 모르겠지만 말이다. 물론 큰 수익을 봤지만 함부로 공개해서는 안 된다고 생각한다.

Q. 비트코인이 앞으로 폭등할 것으로 보는가?

그렇다. 인도의 화폐개혁이 일어나면서 비트코인은 폭등했다. 각국의 화폐개혁은 아직 진행 중이다. 더불어 화폐 없는 사회로 진화하면서 우리사회도 분명 블록체인, 비트코인 등이 각광받을 것이다. 기존에 없는 화폐 시스템을 만드는 것 보다는 기존에 안정성이 확인된 비트코인에 더 주목 할 것이다. 우리나라 역시 5만 원권 등이 사라지는 현상처럼 언젠가는 비트코인이 혁신의 대상이 될 것이라 판단한다. 그때가 되면, 대안은 '비트코인' 밖에 없을 것이고, 수요가 몰릴수록 가격은 필연적으로 상승한다는 것은 진리임에 틀림없다.

Q. 우리나라에서는 비트코인에 대한 서적이 없나?

아직까지는 그렇다할만한 수준의 서적을 보지 못했다. 있다고 해도 개인기를 자랑하는 책 외에는 없다. 내가 보기엔 이 책이 객관성이 높으며 정보전달 차원에서도 좀 더 명확하다. 비트코인의 경제적인 측면을 잘 다뤘으며 금융은 물론이고 국내·외 정보를 기조로 해서 투자, 경제, 정책, 각국의 입장에 대입해서 객관적으로 다뤘다. 특히 비트코인의 사용방법까지 친절히 설명해준 것에 대해 매우 긍정적으로 평가하고 있다.

Q. 객관적인 평가 고맙다. 마지막으로 비트코인에 대하여 할 말이 있는가?

비트코인은 기회이다. 하지만 나는 사람들에게 무차별적으로 투자하는 것을 권장하지 않는다. 공부하지 않고서 투자를 하면 분명히 낭패를 보기 때문이다. 반드시 공부를 하고 시작하길 바란다.

한때 우리나라에 펀드열풍이 불때가 있었다. 그냥 은행에 맡기고 수익이 나길 바라는 사람도 많았다. 하지만 결과는 어떠했는가? 공부한 사람들은 적절한 시기에 넣고 뺐기 때문에 손실을 면할 수 있었지만, 그렇지 않은 사람들의 수익은 대부분이 반 토막 났었다. 비트코인도 마찬가지다. 늘 정보와의 싸움이고 전쟁이다. 어쩌면 주식보다 변동성이 큰 것이 비트코인이다. 세간의 관심이 몰릴수록 이 변동성은 점차 커질 것이다. 반감기를 앞둔 앞으로의 3년이 기회라고 개인적으로 판단한다. 물론 투자할지에 대한 의사 결정은 개인의 몫이다.

강의 중 가장 많이 듣는 질문 <궁금증 해결> 모음

PART1

Q. 거래소는 왜 존재하나요

채굴을 하지 못하는 거래자를 위해 거래소가 존재합니다. 채굴이 아니더라도 거래소를 통해 비트코인을 구매하고 판매할 수 있기 때문입니다. 은행 대신 비트코인 거래소가 중개서비스를 제공하며 비트코인의 거래기록이 인터넷 보드에 실시간으로 중개됩니다. 거래자의 지갑이 생성된 거래소에 의해 대리된 구매주문과 판매주문이 중개되는 형식입니다.

Q. 비트코인 거래소도 해킹 당하나요

비트코인 거래소는 해킹을 당하기도 합니다. 고객의 정보나 거래소의 채굴시스템을 해킹하기도 하지만 비트코인 자체를 해킹한 적은 한 번도 없습니다. 2017년 4월에는 국내의 Yapizon이라는 거래소가 해킹을 당해 3,831BTC를 피해보기도 하였습니다.

Q. 비트코인 지갑종류는 무엇인가요

비트코인 지갑에는 PC 지갑, 모바일 지갑, 웹지갑, 거래소 지갑이 있습니다. PC지갑이나 모바일 지갑은 바이러스에 감염되지 않도록 주의해야 합니다. 웹지갑이나 거래소 지갑은 각 거래소별로 다르며 지갑의 데이터가 해당 웹사이트나 거래소에 있습니다. 따라서 지갑의 백업이나 보완 관리의 책임을 해당 사이트에서 전적으로 관리합니다.

Q. 비트코인주소는 누가 만들어주나요

각각의 비트코인 지갑마다 주소가 다르게 부여됩니다. 비트코인 지갑은 애플리케이션 종류에 따라 다릅니다. 취급하는 거래소도 다르고요. 각자의 비트코인 지갑이 생성될 때 그 지갑에서 고유의 34자릿수 주소가 부여됩니다.

Q. 해시함수는 무엇인가요

해시 또는 해시값은 비트코인의 채굴 작업의 증거를 제시하는데 사용됩니다. 이 해시는 해시함수를 이용해 만들어 냅니다. 특정한 해시값을 만들어내는 원본을 찾기 위해 모든 경우의 수를 확인해야 합니다.

Q. 비트코인의 노드는 무엇인가요

블록과 블록을 연결하는 점입니다. 노드란 네트워크 구조의 하나이죠. 각 노드는 블록체인의 내용을 검증해 줍니다. 각 노드는 독자적으로 블록체인에 블록을 추가할 수도 있습니다. 모든 노드는 정해진 규칙 안에서 동작하며 자신의 이익을 극대화하는 방향으로 설계되어 있습니다.

Q. 비트코인은 어떻게 안전하게 오래보관하나요

비트코인을 가장 안전하게 보관하는 방법은 비트코인 지갑을 만드는 것입니다. 거래소보다는 각자의 비트코인 지갑을 오프라인으로 저장하는 것이 더 안전합니다. 만약 거래소를 이용하는 경우 다양한 거래소에 비트코인 자금을 분산하거나 각 거래소의 비트코인 지갑을 따로 저장하는 경우 더 안전하게 오래 보관할 수 있습니다.

Q. 채굴하면 돈을 벌 수 있나요

비트코인을 채굴하면 반드시 돈을 벌 수 있는 것은 아닙니다. 획득할 수 있는 비트코인의 가치보다 채굴할 때 필요한 컴퓨터를 돌리는 데 사용되는 전기값이 더 비싸면 채굴하는데 이득이 없기 때문입니다. 이러한 단점을 보완하기 위해 나온 이더리움은 비트코인 채굴과정과 달리 POS라는 방식을 이용하여 대량의 전기 및 채굴기가 필요 없는 시스템을 만들려고 합니다.

PART2

Q. 비트코인은 보안이 좋은가요?

중앙의 한 곳에 모든 데이터베이스를 저장하는 것보다 비트코인의 블록체인 기술은 데이터보안 손실에 대해 더 안전합니다. 수십~수천 개의 컴퓨터를 동시에 해킹하는 것이 불가능하기 때문에 해킹에 있어서도 안전하다고 할 수 있지요. 중앙 집중 관리가 필요 없어 내부자에 의한 정보 유출 또한 감소하기 때문에 보안이 높다고 볼 수 있습니다.

Q. 비트코인으로 자금세탁이 가능한가요

어려울 것입니다. 블록체인을 이용하면 자금의 흐름을 추적하기 어려워 범죄에 비트코인이 많이 사용되고 있으므로 돈세탁 방지 시스템이 개발되고 있기 때문입니다. 비트코인은 블록체인 관리를 통해 부정한 자금 흐름을 추적하여 더욱 투명한 암호화폐로써의 입지를 강화할 것으로 보입니다.

Q. 지금이라도 고성능 컴퓨터를 사서 채굴하는 게 경제적으로 이득인가요

고성능 컴퓨터를 사서 비트코인을 채굴하는 것은 개인의 경우 쉬운 일이 아닙니다. 들어가는 시간과 비용이 매우 많기 때문입니다. 기업의 경우라면 다릅니다. 채굴공장이나 고성능 컴퓨터를 이용하여 더 빠른 연산을 통해 한정된 비트코인을 확보하기도 합니다.

Q. 최근 일본이 비트코인을 제도화했는데 한국에서 제도화가 안 되면, 즉 화폐로 인정받지 못한다면 비트코인을 비롯한 암호화폐는 망하는 건가요

화폐로 인정받지 못하는 대신 투자 대상으로 가치는 더 높아질 것입니다. 정식 화폐가 아니라면 오히려 화폐로써의 본원적 역할보다는 수익성 추구에 더 적합하기 때문입니다. 정부의 규제나 세금제도에도 영향을 받지 않기 때문에 더 각광받는 투자처로 인식될 것입니다.

Q. 2014년 일본 마운트곡스가 해킹당해 85만 비트코인을 잃었고 회사는 망했는데 암호화폐의 시스템 기반인 블록체인도 해킹당할 수 있나요

지금까지 몇 차례의 거래소가 해킹을 당하는 사건이 있었습니다. 하지만 비트코인 자체가 해킹 당한 적은 한 번도 없습니다. 현재까지 알려진 바로는 비트코인이나 블록체인에 대한 해킹은 거의 불가능에 가깝습니다. 비트코인은 중개가나 중앙 관리자가 없고 개인 간의 검증을 6단계 거쳐 거래가 완성되므로 해킹이 어렵습니다. 그 이유는 개인 간의 거래로 분산된 시스템을 모두 해킹하기에는 시간과 비용이 너무 많이 소모되기 때문입니다.

Q. 암호화폐 거래소가 망해도 예금자는 보호받을 수 있나요

국내 민간 거래소의 경우 해킹이나 횡령으로 파산을 하는 경우 투자자들은 예치금이나 비트코인 등 암호화폐를 회수할 수 있는 방법이 현재로서는 없습니다. 따라서 국내 거래소들은 보안 시스템을 마련하고 비트코인을 분산 보관하며 일정 금액 이상 인출 시에는 회계 법인의 허가를 받는 등 자구책을 마련하고 있습니다.

Q. 디지털 서명은 무엇인가요

디지털 서명은 메시지를 보낸 사람을 수학적으로 확인하는 방법을 말합니다. 이 메시지 확인 방법은 내가 메시지를 보낼 때 나의 개인키로 메시지를 암호화하여 이를 메시지에 덧붙여 보내는 것입니다. 이 메시지를 받은 사람은 덧붙여진 암호화 메시지 부분은 나의 공개키로 열어서 이를 원본 메시지와 비교합니다. 두 메시지가 같을 경우 이 메시지는 내가 보낸 것으로 검증됩니다.

Q. 비트코인 지갑에는 암호를 설정해야 하나요

반드시 설정해야 합니다. 지갑에 든 비트코인을 안전하게 보호하려면 비트코인 주소와 쌍이 되는 개인키를 안전하게 보호해야 하기 때문입니다. 만약 비트코인 주소와 쌍이 되는 개인키를 해킹당하면 비트코인을 되찾을 수 없습니다. 따라서 반드시 지갑의 암호를 설정해야 합니다.

Q. 외장usb 지갑에 넣어놓고 그 usb를 잃어버린다면 해당 비트나 이더는 영원히 없어지는 건가요

지갑 전체를 백업해 두거나 프라이빗 키, 암호를 백업해 두지 않으면 비트코인을 사용할 수가 없습니다. 따라서 외장usb 등 하드웨어 지갑을 사용할 경우 지갑 전체를 PC나 다른 매체에 백업해 두기를 권장합니다. 프라이빗 키나 암호를 종이 지갑으로 인쇄해서 보관해 두는 것도 좋은 방법입니다.

Q. 프라이빗 키를 잃어버리면 그 코인은 못 쓰나요

지갑의 프라이빗 키를 잃어버리면 비트코인을 사용할 방법이 없습니다. 따라서 반드시 비트코인 지갑의 데이터를 백업하여 잃어버리는 사고를 대비해야 합니다. 지갑의 데이터를 백업하여 보관해 놓으면 지갑 서비스가 중지되거나 망해도 비트코인을 찾을 수 있습니다.

Q. 이더리움은 무엇인가요

　이더리움은 화폐를 포함한 모든 자산의 거래가 가능한 온라인 플랫폼입니다. 블록체인 기술에 기반 한 플랫폼을 이용하여 다양한 분야의 거래를 빠르고 안전하게 처리하기 위한 목적을 갖고 있습니다. 이더라는 암호화폐를 통해 각종 정보를 플랫폼에서 거래할 수 있습니다.

Q. 리플은 무엇인가요

　리플은 환어음과 비슷하며 송금수단에 가까운 암호화폐입니다. 리플즈라는 통화를 발행하며 브리지 통화 기능을 기반으로 상호 간 직접적인 교환이 어려운 통화의 환전을 가능하게 해 줍니다. 즉 환전과 정산에 초점이 맞춰져 있습니다.

화폐교육지도사 과정커리

학습모듈	학습내용	시간	비고
opening	#. 과정 개요 및 오리엔테이션 - 화폐교육지도사 자격증 취지와 목적 - 가상화폐와 관련된 대중매체 반응 소개	2Hr	
I. 화폐교육개론	1. 4차 산업혁명과 가상화폐 - 4차 산업 핵심 사업과 가상화폐 생태계 - 가상통화와 국내외 비즈니스 로드맵	2Hr	
	2. 가상화폐와 블록체인 기술 - 블록체인 관련 산업의 미래 방향 - 블록체인이 가져올 금융 변혁과 사례연구	2Hr	
II. 화폐 유통의 이해와 실체 교육론	3. 국내 거래소 소개 및 거래방법 - 코빗, 빗썸, 업비트 등 거래소 이용방법	2Hr	
	4. 해외 거래소 소개 및 거래방법 - 폴로닉스, 비트렉스 등 거래소 이용방법	2Hr	
	5. 국내외 사이트 실체와 분석 - 화폐교육지도사가 알아야 할 국내외 사이트 소개와 활용방법 - 화폐교육지도사가 알아야 할 앱 Best20 소개와 활용방법	2Hr	
III. 화폐관련 법규	6. 화폐유통 법규와 국가별 대응 사례 - 국가별 가상화폐 관련 법규 및 규제 동향 - 프리세일과 ICO의 이해와 종류	2Hr	
closing	#. 테스트 및 과정 수료식 - 화폐교육지도사 필시시험 및 자격증 수여 - 화폐교육지도사 지원정책과 운영방안	2Hr	

본 강의내용은 강의 일정과 대상자에 따라 약간의 내용변경 될 수 있음.

〈화폐교육지도사 과정커리큘럼〉 위 관련된 강의 문의는 이메일주소 hileeyg@naver.com 문의주시기 바랍니다.

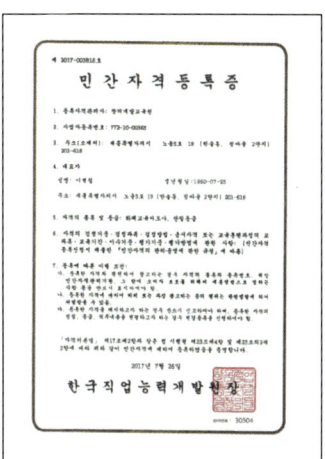

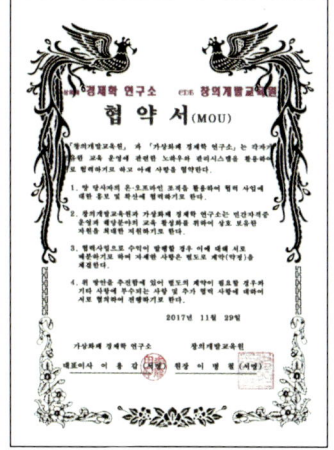

민간자격등록증, 협약서1, 임명장1 첨부

비트코인 경제학

[부의기회 비트코인]
1판 4쇄 펴냄   2021년 4월 15일
개정판 펴냄   2017년 12월 28일

지은이   이용갑
펴낸이   오효진
디자인   design86 이용석

펴낸곳   출판사 북새바람
문의   050-6410-1016
등록번호   제2017-000014호
신고일자   2017년 8월 22일

ISBN 979-11-962310-0-2 13320
ISBN 979-11-960909-0-6 [부의 기회 비트코인]

※ 이 책의 무단전재와 무단복제를 금하며, 책 내용의 전부 또는 일부를 이용하려면
   반드시 저자의 동의를 받아야 합니다.
※ 잘못 만들어진 책은 구입하신 곳에서 교환하여 드립니다. 책값은 뒤표지에 있습니다.